Réussir son orientation et sa vie professionnelle quand on est DYS

Un guide pratique proposé
par la Fédération Française des Dys

8, rue Férou 75278 Paris cedex 06
www.editions-belin.com

Belin

Couverture: Getty Image/Coll. iStock / Jacob Wackerhausen

ISBN 978-2-7011-9169-0

SOMMAIRE

Remerciements

La FFDys, auteur de ce guide, remercie tout particulièrement :

– les auteurs, contributeurs ou relecteurs de ce guide – Olivier Burger, Alain Demange, Vincent Lochmann, Bénédicte Juyaux, Fatima Henni, Catherine Libaud Riquier, Nicolas Bonnet, Laetitia Branciard, Chantal Jarlier-Clément, Frédérique Scheibling-Seve, Nathalie Groh, Catherine Scotto, Christine Auché Le Magny, Sophie Rougnon, Diane Cabouat, Vincent Marron, Chantal Valéri, Catherine Butikofer, Fabienne Hochwelcker, Michèle Charnay, Anne-Marie Montarnal, Véronique Bancel, Régine Tchakgarian, Valérie Rubio, Hélène de Compiègne, Claire Geevers, Muy Lim, Danielle Fages, Nelly Bertuzzi, Marc et Marie Mermet, Joelle Henaff, Bernard Kieffer,

– tous ceux qui ont bien voulu témoigner dans ce guide – adultes dys, parents et professionnels de la formation et de l'emploi qui nous ont fait part de leurs difficultés mais aussi de leurs réussites et de leurs espoirs,

– les conseils d'administration des associations AAD, DFD, APEDA, Tête en l'air et APEDYS Midi-Pyrénées ainsi que l'ensemble des 4 000 adhérents qu'ils représentent,

– les entreprises et leurs missions handicap qui soutiennent la cause des Dys avec, notamment, Roselyne Duchesne-Levesque et Gérard Lefranc (Thalès), Philippe Thurat et Laurence Mialaret Tabaries (Areva), Alix Paulmier et Philippe Braconnier (Cap Gemini), Michèle Delaporte (SNCF),

Dominique Béllion (BNP Paribas), Loïc Le Grouiec (Alcatel-Lucent), Alain Masson (Sodexo) ainsi qu'Anne Voileau, directrice et fondatrice du magazine *Être et Handicap Information* autour duquel s'est développé le Club Être, qui met en réseau les Chargés de Mission handicap des entreprises,

– les professionnels de santé et de l'éducation et tout particulièrement l'Onisep (Jacques Marchal et Claire Magimel) pour qui ce guide a fait l'objet d'un partenariat de diffusion,

– les Éditions Belin.

Cet ouvrage est dédié à tous les Dys.

AVANT-PROPOS

« Dys » est le terme employé pour désigner les « troubles » spécifiques du langage et des apprentissages.
Par « dys », on entend regrouper la **dyslexie**, trouble du langage écrit, la **dysphasie**, trouble du langage oral, et la **dyspraxie**, trouble de l'organisation et de l'automatisation du geste. Il y a aussi la dyscalculie, la dysgraphie et les troubles de l'attention – avec ou sans hyperactivité – et de la mémoire.
Ces troubles sont reconnus comme « handicap cognitif » depuis la loi du 11 février 2005[1]. Les pouvoirs publics ont donc pour mission d'améliorer l'accessibilité pour les personnes porteuses de ces troubles et de pourvoir aux compensations nécessaires à leurs apprentissages, leur parcours de soin et leur insertion professionnelle.
La France n'est pas en avance dans le champ du handicap cognitif. Mais elle cherche à rattraper son retard.
Les associations d'usagers, la Fédération Française des Dys (FFDys) notamment, s'y emploient.

Le niveau de qualification, faible et toujours en deçà de ses capacités, est le premier handicap de l'adulte dys. C'est une conséquence directe de la non-inclusion

1. Loi n° 2005-102 du 11 février 2005 pour l'égalité des droits et des chances, la participation et la citoyenneté des personnes handicapées.

ou de la mauvaise intégration dans un système scolaire qui ne le dépistait pas ou ne le traitait pas avec l'attention et les égards nécessaires. Certes le « Plan langage » lancé en l'an 2000 a permis la création de « centres référents » de diagnostic pluridisciplinaire pour les dyslexiques et les dysphasiques ainsi qu'un début de prise en compte de ces élèves dans les écoles et collèges ou lycées. Mais la dyspraxie en était alors exclue. Et 14 ans après la mise en place de ce plan, la disparité de traitement d'une région à l'autre, d'un département à l'autre, met en péril les progrès accomplis.

On voit donc que le parcours scolaire pèse sur la qualification des Dys et donc sur leurs chances de s'intégrer dans le monde du travail, « protégé » ou « ordinaire », public ou privé, dans une petite structure ou dans une grande entreprise. L'orientation professionnelle n'en est que plus difficile. La formation professionnelle doit être différenciée pour les Dys et elle l'est rarement. Vient ensuite le temps de l'insertion professionnelle. Mais quand et pour qui ?

Les enquêtes réalisées auprès des adultes dys dans l'emploi montrent qu'il n'y a pas de secteur privilégié pour les Dys, car ils réussissent à s'intégrer un peu partout. Secteur protégé, entreprises de service, espaces verts, administrations territoriales, métiers de la santé, industrie, etc.
Pour les employeurs de plus de 20 salariés, publics comme privés, l'obligation légale de compter 6 % de travailleurs handicapés dans leur effectif et le renforcement des sanctions financières dans le cas contraire ont fait prendre conscience que les salariés du handicap cognitif représentaient une nouvelle « source » de salariés à intégrer et à maintenir dans l'emploi.
Le secteur protégé intègre également des adultes dys. Ils ne sont

pas juridiquement des salariés lorsqu'ils sont en Établissement de Service et d'Aide par le Travail (ESAT), mais ils sont bien dans le champ de l'activité professionnelle.
Enfin, les jeunes Dys peuvent aussi trouver à s'intégrer dans les « entreprises adaptées », considérées comme faisant partie du milieu « ordinaire », et dont l'effectif est a minima composé de 80 % de travailleurs handicapés, c'est-à-dire avec « Reconnaissance de la Qualité de Travailleur Handicapé » (RQTH).
Lorsque les employeurs ou les entreprises du milieu « ordinaire » font appel aux entreprises du milieu « protégé », elles comptabilisent des « unités bénéficiaires », unités d'équivalence temps plein d'un travailleur handicapé, qui rentrent dans le décompte du 6 % de l'obligation légale d'emploi citée plus haut. Ainsi l'employeur a deux choix possibles : embaucher directement des travailleurs handicapés ou en faire travailler indirectement via la sous-traitance à des entreprises ou à des établissements qui en accueillent.

La reconnaissance de la qualité de travailleur handicapé (RQTH) ouvre des droits à la personne handicapée concernée, tant auprès des Maisons Départementales des Personnes Handicapées (MDPH), qu'auprès de l'employeur, contraint par le Code du travail, qui rend par exemple plus difficile un licenciement économique.
Deux choix s'offrent à l'employeur face à l'emploi de travailleurs dys. Il peut négocier avec ses partenaires sociaux un accord sur le handicap, validé au niveau départemental par l'État, qui lui permet, s'il n'atteint pas 6 % de travailleurs handicapés dans son effectif, de gérer lui-même les fonds équivalents à l'amende qu'il aurait payée. Ainsi, dans ce cas précis, le salarié qui détient sa reconnaissance de travailleur handicapé bénéficie de dispositifs de son employeur en temps ou en argent.

Dans le cas contraire, et c'est son deuxième choix, l'employeur qui n'a pas atteint un effectif de 6% de travailleurs handicapés et qui n'a pas négocié d'accord d'entreprise sur le sujet verse une amende à l'Association de Gestion du Fonds pour l'Insertion des Personnes Handicapées (ou Agefiph) dans le secteur privé et à son équivalent dans le secteur public, le Fonds pour l'Insertion des Personnes Handicapées dans la Fonction Publique (FIPHFP). Ces deux fonds interviennent pour l'insertion et le maintien dans l'emploi. Un salarié dys pourra en bénéficier.
Protection partielle en cas de licenciement, avantages en nature ou en temps pour le salarié qui a choisi de faire reconnaître son handicap auprès de sa Maison Départementale des Personnes Handicapées et auprès de son employeur, ne suffisent pas toujours à convaincre tous les adultes dys à s'engager dans la démarche de reconnaissance du statut de travailleur handicapé.

Le handicap, c'est d'abord ce que l'on cherche à oublier tous les matins. Ainsi, faire reconnaître son handicap, c'est donner l'impression qu'on a baissé les bras et que l'on a abandonné l'idée de passer pour un « valide ». C'est d'autant plus vrai, dans le champ du handicap cognitif, des Dys pour lesquels on parle de handicap invisible.
Prenons par exemple une personne dyslexique : avant de la voir en difficulté pour lire ou écrire, rien ne la distingue d'un autre adulte. Pourquoi révéler ses difficultés dans ce cas ?
Ce comportement est respectable car lié à la responsabilité que la personne prend elle-même vis-à-vis de son employeur, de son manager et de ses collègues. Certains témoignent de 15 ans de secret et de réussite à la fois. Mais évidemment, il n'est pas question d'aide, de compensation ou d'aménagement de poste de travail dans ce cas.
Dilemme pour les uns, risque trop fort pour les autres.

Trouver sa voie, tâche complexe pour la plupart des jeunes adultes, l'est encore plus quand on a un trouble spécifique du langage écrit, oral ou du geste. Et une fois dans l'emploi, réussir devient difficile quand on doit affronter les difficultés de la vie professionnelle avec un handicap cognitif. Le maintien dans l'emploi est donc également un sujet pour les Dys.

Les aménagements des postes de travail sont dans la plupart des cas facilement réalisables : écrans d'ordinateurs adaptés (taille, résolution...), logiciels spécifiques (correcteurs orthographiques, synthèse vocale, reconnaissance vocale...). De fait, c'est surtout la manière de s'organiser pour un adulte dys qui est un peu différente. L'accessibilité et la compensation relèvent également du management. Et du bon management qui sera utile à tous : ne pas interrompre son collègue qui s'exprime à l'oral, expliquer les changements d'activité, rédiger de façon concise et courte, transmettre l'information écrite sous des formats accessibles et modifiables (fichiers électroniques...), etc. Du bon sens managérial associé à une bonne adéquation poste-salarié en fonction des compétences de chacun. Finalement ni plus ni moins que de la bonne gestion des ressources humaines !

Cela doit nous rendre optimistes. Mais les difficultés rencontrées sont énormes et les échecs encore trop nombreux. C'est pourquoi ce livre s'adresse à tous ceux qui souhaitent savoir comment optimiser leur parcours en fin de formation, par qui et comment se faire aider, que demander aux administrations, comment parler à son employeur, comment réussir à s'intégrer dans l'emploi, prendre conscience de l'importance de la formation professionnelle tout au long de la vie et, tout simplement, réussir dans l'emploi.

Ce guide n'est pas un nouveau livre sur les textes de loi : il présente le point de vue des usagers, des familles, des managers sur ce qui fonctionne – ou ne fonctionne pas encore – et ce qui doit être connu de l'adulte dys, de son entourage professionnel ou familial pour que l'emploi des Dys devienne une réalité et, en définitive, un axe de progrès individuel et collectif.

Ce guide peut vous être utile si, en tant que Dys ou parent de Dys, vous recherchez des informations et des témoignages pour :

- savoir où s'informer et s'orienter,
- apprendre un métier,
- trouver un emploi,
- être autonome socialement,
- réussir dans l'emploi.

Ce guide peut également être utile aux employeurs, recherchant des informations et des témoignages pour :

- recruter,
- intégrer,
- maintenir des Dys dans l'emploi.

Cependant une plaquette « Histoire de comprendre les Dys en entreprise » leur est plus particulièrement destinée. Se renseigner sur www.ffdys.fr

Ce guide est un ouvrage collectif réalisé par la Fédération Française des Dys qui a, avec l'aide de journalistes, recensé auprès des familles et des adultes dys les témoignages pertinents pour l'orientation, la formation, l'insertion et la réussite professionnelle.

Il a fait également l'objet d'un partenariat de diffusion avec l'Office National d'Information sur les Enseignements et les Professions (Onisep).

CHAPITRE 1

Comprendre les adultes dys

Qui sont les adultes dys et quelle différence y a-t-il entre les adultes dysphasiques, dyslexiques et dyspraxiques ? Comment se traduisent concrètement leurs difficultés dans le monde professionnel et de quelles aides ont-ils besoin pour réussir ? Ce chapitre a pour objectif d'informer le lecteur qui ne serait pas familier avec les troubles dont souffrent les adultes dys, qui représentent 6 % à 8 % de la population.

1. La dysphasie

La dysphasie est un trouble spécifique et durable de l'acquisition et de l'utilisation du langage oral. Il en résulte pour l'adulte des difficultés pour l'expression orale, la compréhension du discours oral ou les deux. Il se retrouve dans la situation d'une personne dont la langue maternelle reste une langue étrangère. À partir de témoignages d'adultes dys ou de leurs proches (famille, collègues, tuteurs, etc.), on observe des difficultés, des qualités et des besoins d'accompagnement spécifique.

Difficultés des adultes dysphasiques (variant d'un adulte à l'autre):

- lenteur dans l'exécution de certaines tâches,
- nécessité de se faire répéter, voire reformuler les consignes,
- fatigabilité,
- mauvaise compréhension des consignes orales et multiples, et des énoncés compliqués,
- peu d'aptitude pour les langues étrangères.

Qualités des adultes dysphasiques (variant d'un adulte à l'autre):

Motivations au travail:
- ponctuels, peu absents,
- persévérants, volontaires,
- soucieux du travail bien fait, même sur des tâches répétitives.

Aptitudes sociales:
- loyaux, acceptant la hiérarchie, l'autorité,
- respectueux des règles et du cadre,
- conciliants, souriants,
- aptes au travail en équipe,
- capables d'empathie, sensibles à l'injustice, éléments modérateurs,
- faisant preuve de simplicité et de spontanéité.

Capacités intellectuelles :
- dotés d'une intelligence normale, d'une mémoire visuelle et du sens du détail,
- curieux et créatifs.

Soutien recommandé aux adultes dysphasiques (variant d'un adulte à l'autre) :

- privilégier les consignes visuelles plutôt qu'auditives,
- compenser le manque d'initiative,
- aider en cas d'imprévu (manque de réactivité face au changement),
- préférer les consignes simples, une seule à la fois pour pallier la difficulté des consignes multiples,
- reformuler (vérifier la compréhension) : deux manières ou trois sont parfois nécessaires (oral, écrit ou geste),
- prendre en compte d'éventuels problèmes de motricité fine pour certains,
- favoriser l'apprentissage par reproduction,
- prévoir des moments de récupération si le besoin de concentration se prolonge,
- envisager la présence d'un tuteur ou d'un collègue pour reformuler si nécessaire.

La dysphasie concerne environ 2 % de la population, soit plus d'un million de personnes en France.

Au quotidien, une personne dysphasique peut avoir des difficultés à :
- trouver ses mots pour se faire comprendre,
- trouver ses mots pour exprimer sa pensée,
- produire des sons,
- comprendre ce que l'interlocuteur dit,
- comprendre les jeux de mots, le vocabulaire symbolique, abstrait, les sous-entendus, l'implicite,
- éviter la fatigue due à la concentration et la surcharge cognitive résultant des tâches ou apprentissages professionnels qui passent par l'oral.

Les personnes ou le service qui intègrent un adulte dysphasique peuvent imaginer, pour se mettre à sa place, se retrouver dans un pays étranger et être obligés de parler et comprendre une langue qu'ils ne maîtrisent pas (difficulté à comprendre, à trouver ses mots, à se faire comprendre, etc.).

À SAVOIR

Embaucher un adulte dysphasique

Quand la décision d'embauche est prise, comment intégrer pratiquement un adulte dysphasique ?

- Se renseigner en amont sur la dysphasie (RH, mission handicap, médecin du travail, associations) pour identifier les contraintes particulières (logiciel particulier, aménagement d'horaire, etc.) et en parler auparavant aux équipes concernées.
- Valider les compétences techniques de l'adulte dysphasique, comme pour toute personne qui postule pour un emploi.
- Effectuer une rencontre classique avec visite, description du poste de travail et de ses contraintes, ses aménagements éventuels, vérifier que cela convient à l'adulte dysphasique.
- Réaliser une intégration classique, mais étalée sur un plus grand nombre de jours, comprenant la présentation de l'équipe proche, l'information par mail du service concerné de l'arrivée d'un nouveau venu et, en parallèle, l'information sur l'entreprise et sur le service, donnée ou envoyée par mail au nouveau venu, le tout avant son arrivée.
- Former le service du futur employé, si ce service n'a jamais intégré de personnes handicapées.

2. La dyslexie

La dyslexie-dysorthographie est un trouble spécifique et durable de l'acquisition et de l'utilisation du langage écrit.
La dyslexie concerne environ 4 % de la population.
Au quotidien, une personne dyslexique peut avoir des difficultés à :

- **écrire à la vitesse requise,**
- **se relire,**
- **déchiffrer des mails, notamment longs et embrouillés, ou des documents professionnels, des notes,**
- **écrire devant tout le monde, rédiger des comptes-rendus, etc.,**
- **maintenir sa concentration sur chacun des gestes d'écriture ou de lecture, sans être fatigué.**

Conséquences directes de la dyslexie (sévérité variable selon les adultes) :

- lenteur de lecture,
- besoin d'oraliser sa lecture,
- erreurs de lecture.

Ainsi, en situation d'exposé devant un public, ces personnes devront en général parfaitement connaître leur discours, elles seront en difficulté face à la lecture d'un document à haute voix.

Conséquences directes de la dysorthographie :

- de nombreuses « fautes d'orthographe » dans les productions écrites peuvent gêner la compréhension du lecteur non averti, et entraîner un jugement défavorable ;
- produire un écrit peut être suffisamment coûteux cognitivement pour que l'organisation de celui-ci ne soit pas cohérente ;
- la prise de notes risque de mettre la personne en difficulté si elle doit assurer en parallèle une présence dans l'échange.

Difficultés accompagnant la dyslexie (sévérité variable selon les adultes) :

- difficulté de mémorisation (la mémorisation des images reste bonne),
- maladresse gestuelle,
- lenteur,
- fatigabilité,
- difficulté d'acquisition des automatismes.

Capacités ou qualités présentes chez les dyslexiques :

- curiosité,
- imagination très vive,
- intuition et perspicacité,
- créativité,
- sens artistique développé.

Qualités de la personne dyslexique-dysorthographique liées aux difficultés qu'elle a dû surmonter :

- persévérance,
- ingéniosité,
- diplomatie,
- sens de l'effort,
- bonne acceptation de la hiérarchie,
- bonne aptitude au travail en équipe,
- développement de méthodes compensatoires, bonne organisation.

Aide et soutien à proposer aux personnes dyslexiques-dysorthographiques

Il est encore très rare que ces personnes entament une reconnaissance officielle de handicap. La première tâche consistera donc à repérer leurs difficultés, qu'elles cherchent le plus souvent à masquer.

Ceci accompli, une bonne aide aux personnes dyslexiques-dysorthographiques consiste à :

- favoriser l'usage de logiciels spécifiques, comme les correcteurs orthographiques, logiciels de dictée vocale pour produire les écrits (mails ou autres), logiciels de lecture vocale des écrans d'ordinateurs,
- leur éviter les prises de notes, les rédactions de comptes-rendus,
- verbaliser les consignes écrites,
- privilégier les échanges oraux (visio-conférences) aux échanges écrits (courriers électroniques),
- préférer un bon schéma à un long discours !

3. La dyspraxie

La dyspraxie, qui concerne environ 3 % de la population, est un trouble affectant la planification, la coordination et l'automatisation des gestes. Dans les pays anglo-saxons, on parle de « Troubles d'Acquisition de la Coordination ».

À SAVOIR

Qu'est-ce qu'une praxie ?

Le terme « praxie » est issu du Grec « praxis » qui signifie « action ». La praxie est la coordination motrice volontaire, intentionnelle, orientée vers un but. Elle est régie par le processus cérébral suivant :
- conceptualisation (recours à l'imagerie mentale) de la tâche,
- planification (organisation séquentielle) de la tâche,
- exécution de la tâche.

Une **praxie** fait appel à la fonction du cerveau qui permet l'organisation des mouvements volontaires. Le **mouvement** correspond au déplacement d'un segment de membre par la contraction d'un muscle ou d'un groupe de muscles. Le **geste** est l'ensemble coordonné de mouvements.

Les praxies sont des séquences de nombreux mouvements élémentaires, une bibliothèque de gestes « tout prêts » qui ont été appris, dans un contexte culturel et social donné, avec des régulations temporelles et spatiales.

Exemple : on apprend à écrire, en fonction de sa culture (la façon d'écrire n'est pas la même selon l'alphabet, le pays). Cela demande de connaître le poids du stylo, la façon de s'en servir, la manière de positionner son corps, le fait d'écrire de gauche à droite et en ligne...
Au fur et à mesure, on devient expert et le geste devient automatique.

C'est donc un geste qui a nécessité un apprentissage. Une fois que ce geste est appris (après un entraînement plus ou moins long), il est enregistré dans le cerveau. La zone spécifique du cerveau est activée pour réaliser ce geste (connexions neuronales).

En cas de dyspraxie, le geste ne s'automatise jamais, ou mal.
La personne réalise ce geste comme si c'était la première fois.
À l'issue d'un apprentissage intense, certains gestes vont tout de même finir par s'automatiser, d'autres ne le seront jamais. La personne dyspraxique peut ainsi s'avérer très maladroite dans certains gestes.

En cas de dyspraxie visuo-spatiale (la plus fréquente), le regard (geste des yeux) est mal organisé. Des troubles neuro-visuels peuvent aggraver ces difficultés (champ visuel réduit, agnosie des images). Certaines personnes sont atteintes de dyspraxie oro-faciale (trouble de l'articulation) qui rend l'élocution difficile.

La dyspraxie entraîne une fatigue anormale et de la lenteur (gestes effectués sous contrôle) ainsi qu'une mésestime de soi (beaucoup d'efforts consentis pour des résultats pas toujours à la hauteur de l'investissement personnel et provoquant parfois de la moquerie ou de la malveillance due à une supposée fainéantise). C'est un trouble invisible. L'intelligence n'est pas altérée.

La dyspraxie peut être associée à d'autres troubles neuropsychologiques.

À SAVOIR

Quelle est l'origine de la dyspraxie ?

Ces dysfonctionnements neuropsychologiques d'origine encore mal connue, et qui touchent davantage les garçons que les filles, ne peuvent être dépistés que par un diagnostic précis.

Il existe différentes origines :
- lésions cérébrales plus ou moins localisées parfois visibles à l'IRM (conséquence de la grande prématurité, de l'infirmité motrice cérébrale ou de la paralysie cérébrale, d'un traumatisme crânien, de l'épilepsie, d'une tumeur ou d'un accident vasculaire cérébral),
- origine certainement génétique (on observe souvent qu'il existe des familles de « dyspraxiques ») même s'il n'a pas été mis en évidence de « marqueur génétique de la dyspraxie » à ce jour,
- développementale (pas de cause précise connue) mais présente dès la naissance.

Les répercussions dans la vie courante peuvent varier parfois fortement d'une personne à l'autre.

En cas de dyspraxie visuo-spatiale, la personne peut perdre ses repères sur une feuille, dans un texte, sur un plan, dans des locaux, avoir du mal à monter ou descendre un escalier, à emprunter un chemin difficile, à apprécier les distances, etc.

La plupart des gestes de la vie courante font appel aux repères dans l'espace :
- **dans la vie quotidienne** : difficultés pour l'habillage (boutonnage, laçage, nouage d'un nœud de cravate, distinction envers et endroit, gauche et droite), la toilette (brossage des dents, shampoing, etc.), les repas (manipulation des couverts : épluchage des légumes et des fruits, découpage de la viande ou d'une tarte, etc.), le bricolage (manipulation des outils),
- **à l'école** : difficultés pour les activités manuelles (manipulation des ciseaux et des outils en général : découpage, collage), l'écriture (l'élève dessine les lettres car le geste n'est pas automatisé), le calcul (opérations mal posées

en raison des problèmes de repères dans l'espace), la géométrie (repère dans l'espace, manipulation des outils), la lecture (l'élève se perd dans les lignes du texte), la géographie (repère sur une carte),

- **dans les loisirs**: difficultés pour les activités sportives faisant appel à la coordination (vélo, ski, natation, sport de ballon, etc.), les activités manuelles (pratiquées en centre de loisirs par exemple),

- **dans l'emploi**: difficultés pour se repérer dans des locaux sans signalétique, difficulté à intégrer plusieurs consignes simultanées, besoin de plus de temps pour exécuter des tâches, fatigue due à la concentration importante nécessaire à la réalisation des tâches.

Ces difficultés sont aggravées lorsque plusieurs tâches sont à effectuer simultanément. Il est alors très difficile voire impossible de faire deux choses à la fois si l'une n'est pas automatisée (exemple: écouter l'enseignant tout en écrivant, prendre des notes en réunion tout en écoutant ou en participant, lorsque l'écriture n'est pas automatisée). On parle alors de double-tâche.

Préconisations dans le domaine de la formation

Canaliser l'attention en phase d'apprentissage ou de formation:
- éviter trop de bruit et d'agitation autour de la personne,
- toucher la personne pour attirer son attention.

Pour la lecture et l'écriture:
- éviter de faire écrire la personne à la main,
- utiliser des photocopies aérées et non manuscrites,
- proposer des textes à trous, des QCM,
- simplifier les énoncés, utiliser dessins, photos et pictogrammes,
- utiliser les outils informatiques (ordinateur, tablette tactile, logiciels de synthèse et de reconnaissance vocale),
- ne pas fournir de modèle mais décrire oralement ce qu'il faut faire,
- utiliser des plans inclinés pour écrire ou lire,
- éviter les règles, compas, équerre, rapporteur, tous les outils géométriques,
- laisser du temps.

Pour le repérage dans l'espace:
- utiliser la couleur pour attirer le regard.

En ce qui concerne l'estime de soi :
- encourager les progrès,
- désigner une personne qui puisse aider dans les apprentissages, qui écrive, organise, oriente la personne dyspraxique.

Préconisations dans le milieu professionnel :

- éviter de faire écrire la personne à la main,
- utiliser les outils informatiques (ordinateur, tablette tactile, logiciels de synthèse et de reconnaissance vocale),
- aider à l'organisation et au rangement du poste de travail,
- si possible et si nécessaire, aménager les horaires ou l'emploi du temps pour limiter la fatigue (prévoir éventuellement de courts temps de repos),
- utiliser la mémoire qui est souvent très performante, à condition de soulager la mémoire de travail,
- utiliser dessins, photos et pictogrammes, décrire oralement ce qu'il faut faire,
- désigner si besoin un tuteur et encourager fréquemment l'adulte dyspraxique,
- utiliser le plus possible un emploi du temps qui permette de visualiser les activités à venir,
- expliquer aux autres collègues le trouble afin d'éviter moqueries ou incompréhension.

D'autres aménagements et aides spécifiques sont possibles, du fait de l'hétérogénéité de la dyspraxie. La personne dyspraxique sait généralement de quoi elle a spécifiquement besoin. Son parcours d'enfant et d'adolescent lui a permis de définir les aménagements et aides qui lui sont nécessaires, en concertation souvent avec un(e) ergothérapeute.

Bien orientée puis bien accompagnée (surtout au départ) par un entourage professionnel bienveillant, attentif aux difficultés et capable de mettre en place les aides nécessaires, la personne dyspraxique s'avère être un salarié ou un collaborateur performant. Sa motivation est un réel atout pour l'entreprise.

CHAPITRE 2

S'informer, s'orienter, trouver sa voie

Certaines étapes dans la vie d'un jeune Dys représentent des enjeux importants.

Pour les jeunes intégrés en milieu scolaire ordinaire, la fin du collège en est un. De même pour ceux qui sont dans les établissements spécialisés, l'âge de 14 ans (qui marque la sortie de l'Institut Médico-Éducatif ou IME) est également un tournant. L'orientation peut aussi s'avérer nécessaire en cours de cycle, lorsque le jeune se retrouve en trop grande difficulté (avant la dernière année de collège, par exemple).

Dès la rentrée de la dernière année prévue dans un cycle, il est utile d'avoir une idée de ce qui se passera ensuite. Il vaut mieux commencer à prendre des repères au cours de l'année précédente. Les derniers mois permettront ainsi d'effectuer des périodes d'essai dans les établissements ou les entreprises pressentis. Il n'est jamais trop tôt pour en parler, échanger des points de vue et poser des questions (même les plus naïves !). Rencontrer des spécialistes de l'orientation sera toujours bénéfique.

INFOS

Ne restez pas seul

Les associations de parents et d'adultes dys peuvent vous fournir des aides utiles et vous mettre en contact avec d'autres adultes qui pourront échanger sur l'orientation professionnelle.
Contactez-les dans votre région (www.ffdys.fr)

Qui peut donner des informations générales sur la formation professionnelle ?

Plusieurs organismes proposent leurs services en matière d'orientation et de conseil. La convergence des acteurs de l'orientation et de la formation professionnelle est l'un des objectifs de la mise en place du Service Public Régional d'Orientation (SPRO), en cours d'expérimentation dans huit régions.

Voir le site
http://orientactuel.centre-inffo.fr/Les-Regions-mettent-le-cap-sur-la.html

Selon les cas, ils ont une vision plus ou moins large de la situation. En matière de formation professionnelle, peu de gens ont une vue d'ensemble des possibilités tant l'éventail est large et les secteurs souvent cloisonnés entre eux. Ceux qui dépendent de l'Éducation nationale ne connaissent pas bien les filières de l'alternance, le secteur public ignore le privé, les structures destinées aux plus de 16 ans ne connaissent pas les problèmes des plus jeunes, etc.

Voir le site **onisep.fr/Voie-Pro** et la plateforme de réponse aux questions **www.monorientationenligne.fr**

L'équipe éducative qui suit le jeune joue un rôle essentiel. Consulter ses membres est la première démarche que les parents doivent effectuer, car ce sont eux qui, avec les parents, connaissent le mieux le jeune. Il faut écouter d'abord leurs propositions ; ensuite on peut étudier en parallèle les autres possibilités existantes.

Évaluer ses aptitudes et ses compétences

L'information sur les orientations va souvent de pair avec des dispositifs d'évaluation des jeunes. C'est sans doute un point de départ avant une orientation : avoir une idée à peu près réaliste du niveau du jeune.

Beaucoup d'enseignants des élèves en situation de handicap le disent : une des difficultés principales pour eux est d'« évaluer leurs capacités ». Quant aux parents d'enfants en Institut Médico-Éducatif (IME), ils ont parfois l'impression que l'on sous-estime les possibilités de leur enfant. Les malentendus sur cette question sont fréquents. Situer le jeune sur une échelle de compétences, identifier ses points forts, trouver les outils adéquats pour compenser ses faiblesses sont autant de questions épineuses.

L'enjeu est de taille : imaginer un projet réaliste pour sa formation professionnelle.

Il existe des services spécialisés

Si les services généralistes d'orientation (comme l'Onisep) peuvent aider à dégrossir le terrain, et si les conseillers d'orientation psychologues rattachés aux CIO peuvent aider à préciser l'orientation, il peut être utile d'avoir recours à des services spécialisés en matière de handicap qui ont une plus grande habitude de ces situations. Mais attention, une évaluation par un tel service ne sera utile que si elle se fait en liaison avec l'équipe qui connaît bien l'élève.

C'est à la Maison Départementale des Personnes Handicapées (MDPH) qu'il faut s'adresser et c'est souvent vers elle que toutes les démarches administratives convergent.

INFOS

Orientation scolaire et orientation par la MDPH

Bien noter cependant la différence entre **l'orientation scolaire**, relative à la progression dans le cursus scolaire, et conduisant à des choix (voie professionnelle et voie générale et technologique en fin de collège, filière en 1re…) qui sont des procédures internes à l'Éducation nationale ou à l'enseignement privé et **l'orientation notifiée par la MDPH** qui détermine l'accès à une structure spécialisée.

Nous avons listé des organismes qui peuvent aider à s'y retrouver. Ils ont chacun leurs points forts et leurs faiblesses. Ne pas oublier que, comme toujours dans ce domaine, la qualité de leur prestation dépend aussi de la personne à laquelle on aura à faire et de la qualité de la relation qui se nouera entre elle et le jeune. Nos indications présentent les principales offres, à chacun de trouver sur le terrain celle qui correspond le mieux aux questions qui se posent à un moment donné.

Avoir une idée concrète du métier préparé

Avant de se lancer dans une filière, il est utile de savoir ce que sera la pratique de ce métier. Deux points sont à étudier au préalable : les souhaits du jeune et ses capacités. Les stages, rencontres dans les salons professionnels, les discussions avec les personnes qui travaillent déjà dans ces métiers permettent d'éviter des erreurs d'orientation. Ils sont d'autant plus utiles que l'enfant est jeune.

1. Les associations de parents et d'adultes dys

Les associations de parents d'enfants dys ou d'adultes dys peuvent vous aider à trouver des solutions ou des orientations dans votre région. Réparties sur tout le territoire, celles qui sont affiliées à la FFDys connaissent leur département et les réponses appropriées pour les jeunes présentant des troubles des apprentissages.

Elles peuvent vous aider à trouver un lieu de formation professionnelle, une structure d'accompagnement ou d'orientation dans votre région, ou encore des entreprises qui connaissent les Dys. Elles peuvent également, dans la mesure de leurs moyens, vous aider dans les procédures et les méandres des administrations. Certaines peuvent même vous accompagner lors de convocations administratives.

Mais, attention, ces associations sont le plus souvent animées par des bénévoles qui sont des parents et qui ne disposent pas toujours du temps nécessaire pour aider autant qu'ils le voudraient.

Témoignage

Patrice, 44 ans, membre d'une association de parents

« L'important c'est de parler autour de soi, de voir des personnes dans des situations semblables et de se soutenir. J'ai souvent fait le balancier entre le monde des experts, des psys et celui des conseils amicaux ou familiaux. Je pense que l'important est de s'ouvrir aux autres, de raconter, quand on est en confiance, son histoire et surtout de ne pas lâcher et tenir bon. Oui, il faut se battre pour avancer. Les jeunes eux-mêmes ont besoin d'avancer. »

Les associations de parents d'élèves « ordinaires » peuvent aussi vous informer. Les deux grandes fédérations de l'enseignement public (FCPE et PEEP) sont présentes partout sur le territoire et peuvent vous aider pour ce qui concerne les établissements de formation, les procédures... De même la fédération des parents de l'enseignement libre (privé), l'UNAPEL, peut vous aider à trouver certaines structures adaptées dont le secteur public n'aurait pas connaissance.

Pour en savoir plus

- **Les associations nationales et locales de la Fédération Française des Dys sont listées sur le site Internet de la FFDys :**
  www.ffdys.com.

En 2014, on y trouve les grandes associations nationales suivantes :

- **APEDA-France (Association Française de Parents d'Enfants en Difficulté d'Apprentissage du Langage Écrit et Oral) :**
  www.apeda-france.com
- **AAD (Association Avenir Dysphasie) :**
  www.dysphasie.org
- **DFD (Dyspraxie France Dys) :**
  www.dyspraxies.fr
- **Tête en l'air (Troubles Dys acquis après accident) :**
  www.teteenlair.asso.fr

Et une association régionale :

- **APEDYS Midi-Pyrénées**
  (Association d'Adultes Dyslexiques et de Parents d'Enfants Dyslexiques en Midi-Pyrénées) :
  www.apedysmidip.fr

Les fédérations des parents d'élèves :

- **FCPE**
  (Fédération des Conseils de Parents d'Élèves) :
  www.fcpe.asso.fr
- **PEEP**
  (Parents d'Élèves de l'Enseignement Public) :
  www.peep.asso.fr
- **Apel**
  (L'Association des Parents d'Élèves de l'Enseignement Libre) :
  www.apel.fr
- **Fapée**
  (Fédération des associations de parents d'élèves des établissements français à l'étranger) :
  www.fapee.org

2. Les Centres d'Information et d'Orientation (CIO)

Présents dans tous les départements, les 540 Centres d'Information et d'Orientation (CIO) accueillent les collégiens, lycéens, étudiants et jeunes travailleurs à la recherche d'informations et de conseils au niveau scolaire et professionnel.

Pour quoi faire ?

On trouve sur place une documentation complète sur les études, les formations et les professions (liste des métiers). Les « Conseillers d'Orientation Psychologues » écoutent et essayent de cerner les motivations et les envies des personnes accueillies. Ils donnent des idées et apportent des réponses pour les jeunes de 11 à 30 ans scolarisés, en établissement ordinaire (on parle « d'inclusion » dans ce cas) ou spécialisé.

Des conseillers spécialisés

Relevant de l'Éducation nationale, les Conseillers d'Orientation Psychologues (COP) connaissent toutes les filières de formation et toutes les procédures conduisant à l'affectation des élèves. Ils se rendent aussi dans les classes d'inclusion, les établissements spécialisés ou les hôpitaux. Les COP partagent leur temps entre les établissements rattachés et le CIO même. Au CIO, ils accueillent les publics non scolaires, les écoutent, les informent et les conseillent. Les principes de gratuité et de confidentialité sont rigoureusement respectés. « Les conseillers appartiennent à l'Éducation nationale et font donc partie intégrante de l'équipe éducative », précise Martine Vanhamme-Vinck, directrice du CIO Médiacom.

INFOS

Le CIO Médiacom

La particularité du CIO Médiacom, accessible sur le site Internet des CIO, est d'assurer des entretiens d'orientation par téléphone. À la différence des autres CIO, le CIO Médiacom n'est chargé d'aucun secteur scolaire. Les conseillers n'interviennent donc pas dans les établissements et le public peut venir de partout (Île-de-France, régions et étranger).

Les 540 CIO forment un réseau sur tout le territoire. Chaque département a au moins un CIO. Les directeurs de CIO travaillent avec les lycées et les collèges de leur territoire, le district et avec l'Inspecteur de l'information et de l'orientation qui a la coordination départementale.

Le CIO donne accès à toutes les informations sur les métiers et les formations, notamment de l'Onisep, en complément de celles qui se trouvent dans les centres de documentation et d'information des collèges et lycées.

INFOS

Le Réseau Handicap Orientation (RHO)

À Paris, le Réseau Handicap Orientation accueille les jeunes en situation de handicap entre 11 et 30 ans, domiciliés à Paris et/ou scolarisés dans les établissements scolaires parisiens du second degré et du supérieur. Il est composé de 4 conseillères spécialisées réparties dans les 4 grands CIO de la capitale. Le RHO intervient aussi comme aide auprès des autres conseillers locaux ou régionaux qui peuvent, au besoin, s'appuyer sur les conseils techniques de ces 4 conseillères parisiennes spécialisées handicap.

Plusieurs liens utiles vers le site Internet de l'Onisep ou autres pôles d'orientation en région sont disponibles sur Internet.

Pour en savoir plus

- **L'annuaire des CIO**
  www.education.gouv.fr
  www.onisep.fr
- **Le Réseau Handicap Orientation de l'académie de Paris (RHO)**
  CIO du 8e/16e
  14, avenue René Boylesve
  75016 Paris
  Tél. : 01 46 47 20 35
  Mail : reseau.handicap.orientation@ac-paris.fr
  CIO MédiaCom (CIO spécialisé)
  32, rue de Paradis
  75010 Paris
  Tél. : 01 44 79 38 80
  Mail : ciomediacom@ac-paris.fr
  Entretiens par téléphone : le lundi de 13h à 18h
  et du mardi au vendredi de 10h à 18h
- **Mon orientation en ligne (organisme de l'Onisep, regroupant des conseillers en ligne par mail, tchat ou téléphone)**
  www.monorientationenligne.fr/qr/index.php
- **Autres adresses utiles**
  oniseptv.onisep.fr
  www.lecanaldesmetiers.tv

www.letudiant.fr/metiers/tele-des-metiers.html
www.lesmetiers.net/france5/index-fr.php
www.lesmetiers.net
www.orientation-pour-tous.fr/-Choisir-un-metier-.html

☛ **Voir aussi** :
- Les Missions locales → p. 120
- Cap emploi → p. 118
- Le CIDJ → p. 31

3. Le Centre d'Information et de Documentation Jeunesse (CIDJ)

Basé à Paris, le CIDJ, association soutenue par le ministère de la Jeunesse et des Sports, a vu, depuis 40 ans, défiler des foules de jeunes, d'adolescents, d'étudiants et de jeunes travailleurs venus découvrir les outils dédiés à l'orientation. Le CIDJ a constitué un réseau avec des relais dans toutes les régions : 1230 Points Informations Jeunesse (PIJ), des antennes mobiles et des Centres d'Information Jeunesse (CIJ). Depuis 2008, le CIDJ est en mesure d'accueillir et de conseiller les jeunes en situation de handicap.

À qui s'adresse ce service ?

Le CIDJ accueille tous les jeunes, scolarisés ou non. « Pour nous, les jeunes en situation de handicap sont comme les autres jeunes. Nous accueillons ici tous ceux qui souhaitent échanger pour s'informer », précise Isabelle Guérif, en charge des questions de communication au CIDJ.

Que propose-t-il ?

Informations, conseils variés, accompagnement... Sur place des conseillers répondent aux questions liées à l'orientation avec ou sans rendez-vous. Ils proposent des entretiens pour guider les élèves ou les étudiants dans le choix d'orientation et d'insertion dans l'entreprise (stage, premier contrat, reconversion, etc.). Il est également possible de les joindre par courriel ou par téléphone. Plusieurs événements sont proposés comme le forum *Handicap-alternance-entreprise* qui anticipe, dès le mois de mars, la recherche d'un stage en entreprise pour l'été ou la rentrée scolaire suivante.

Spécificités : des études à l'emploi en passant par... la vie quotidienne

Certains conseillers professionnels ont suivi deux sessions de formations spécialisées sur le handicap et l'orientation. Ils sont donc en mesure d'apporter des précisions sur les formations et l'orientation par secteur accessible à tout type de handicap, même si on nous rapporte quelques difficultés de conseil pour le « handicap cognitif » dont les troubles dys font partie.

> **INFOS**
>
> Sur les 1 500 structures du réseau Information Jeunesse, la qualité de réponse des conseillers peut varier. Tous n'ont pas suivi de formation spécialisée.

Les conseillers peuvent aussi répondre à d'autres attentes liées au logement, aux démarches administratives ou au conseil juridique. « Il ne s'agit pas uniquement d'orienter mais de prendre en compte leur parcours personnel dans son ensemble pour les guider au mieux vers tous les services. On élargit souvent aux démarches liées aux droits ou à la vie quotidienne », témoigne l'un d'eux aux familles.

Le dispositif Handi Jeunes

Pour accompagner les jeunes en situation de handicap, le CIDJ a mis en place en 2012 un nouvel outil : le dispositif Handi Jeunes.

Désormais, la plupart des conseillers organisent leurs entretiens en ateliers (lors de l'accueil de groupes comme les Instituts Médico-Éducatifs, par exemple) ou en entretien individuel, là encore avec ou sans rendez-vous. Pour Danièle Durand, responsable des partenariats : « Nous les aidons à faire le bon choix d'établissement pour leur avenir. Nous avons même développé un partenariat avec une vingtaine de Missions Handicap de grandes entreprises. Elles nous aident à proposer aux jeunes des contrats d'alternance et quelques stages. »

L'action du CIDJ s'appuie également sur deux événements majeurs : les deux grands forums d'orientation organisés chaque année en septembre et mars, dont le CIDJ est partie prenante.

Témoignage

Eliès, 15 ans, dyspraxique, rencontré au CIDJ où il expose ses tableaux

« Mon handicap c'est la dyspraxie, un problème de coordination des mouvements, qui me pénalise pour des matières comme l'écriture ou les mathématiques. À l'école, je m'évade dans le dessin. C'est devenu ma passion. Ça ne l'était pas vraiment au début mais, petit à petit, j'ai commencé à aimer ça et à développer cette passion en m'inscrivant dans un atelier d'art. J'y suis depuis deux ans. [...] J'ai des projets, je sais déjà ce que je veux faire : soit du design soit de l'architecture. Ici au CIDJ, on me conseille bien. Deux conseillères m'aident à organiser ma recherche. On m'a parlé de l'école Boulle à Paris par exemple et j'aimerais bien y aller. Ils m'ont même proposé d'exposer quelques uns de mes dessins dans le hall d'entrée du CIDJ. Ils seront là, sur les murs, j'en suis fier ! »

Pour en savoir plus

- **Le Centre d'Information et de Documentation Jeunesse (CIDJ)**
  101 quai Branly 75015 Paris
  Tél. : 01 44 49 12 00 (répondeur)
  Mail : cidj@cidj.com
  www.cidj.com

☛ **Voir aussi** :
- Les Missions locales → p. 120
- Cap emploi → p. 118
- Le CIO → p. 28

4. La Maison Départementale des Personnes Handicapées (MDPH)

Créée par la loi du 11 février 2005, placée sous l'autorité du conseil général, la MDPH est dans chaque département l'instance qui coordonne toutes les mesures instaurées par la loi pour l'égalité et le droit à l'autonomie des personnes handicapées.

Ainsi, avec ses pôles spécialisés (adultes, enfants...), elle assure la délivrance des prestations de compensation, de la carte d'invalidité, de l'allocation aux adultes handicapés, de l'allocation de l'éducation de l'enfant handicapé, les attributions concernant les Auxiliaires de Vie Scolaire (AVS), mais aussi l'orientation professionnelle, l'orientation vers un établissement médico-social, la Reconnaissance de la Qualité de Travailleur Handicapé (RQTH), etc.

Bref, c'est à elle qu'il faut s'adresser et souvent vers elle que toutes les démarches administratives convergent.

Témoignage

Le parcours de Kevin, 18 ans, dyslexique, Basse Normandie, raconté par ses parents

« Kevin avançait mais il conservait son handicap. Dès son entrée au collège, on a souhaité signaler sa difficulté à la direction de l'établissement et demander des aménagements comme les photocopies des cours, les prises de notes, les PAI[1]. Là, on nous a vraiment pris pour

---

1. Le PAI (Projet d'Accueil Individualisé) permet de favoriser l'accueil et l'intégration des enfants et adolescents atteints de troubles de la santé évoluant sur une longue période pendant le temps scolaire. Il concerne les enfants atteints de pathologies chroniques, allergies, intolérances alimentaires, troubles spécifiques du langage et des apprentissages. Il relève du médecin scolaire, et l'on n'est pas dans le champ du handicap. Se renseigner sur l'évolution des textes en la matière avec notamment l'introduction prévue du PAP (Projet d'Accompagnement Personnalisé).

Témoignage (suite)

des emmerdeurs. Nous, on savait pourtant que Kevin avait besoin d'aide. Une association nous avait déjà épaulés pour son passage en CM2 et son inscription à la MDPH.

On a même demandé d'éviter les écrits, de mettre du gros caractère sur les copies des cours. Il y avait des choses à faire. Mais la première année, nous n'avons reçu aucune aide du collège. Rien de ce que nous avions proposé en début d'année scolaire n'avait été accepté.

Quand je regardais ses cours, je me disais: "ce n'est pas possible, c'est trop mal écrit, il ne peut pas se relire, il ne peut pas comprendre". Ce qui nous a sauvés, c'est le CRTLA[2] puisque parallèlement Kevin y était suivi pour ses bilans nécessaires à la MDPH. Mon mari y est allé et là on a vraiment trouvé une oreille à notre écoute. La directrice a plaidé notre cause auprès de l'Inspection d'académie de l'Éducation nationale et, comme par magie, dès la 5e, un accueil personnalisé a été mis en place pour Kevin au collège. À partir de là, tout s'est mieux passé, même si c'est dommage qu'il ait fallu qu'on se batte pour obtenir ce type d'aide et la prise en compte des difficultés de Kevin».

2. Le CRTLA (Centre Régional des Troubles du Langage et des Apprentissages) est un lieu de bilan et de diagnostic des troubles du langage et des apprentissages scolaires par une équipe pluridisciplinaire. Il se situe en milieu hospitalier.

1re étape: le retrait du formulaire de demande

Vous pouvez retirer un dossier (enfant ou adulte) dans les lieux suivants:
- Maison Départementale des Personnes Handicapées (MDPH),
- Centres Communaux d'Actions Sociales (CCAS) de vos mairies,
- Services Sociaux Départementaux (SSD) de votre secteur,
- partenaires associatifs éventuellement.

Vous pouvez aussi le demander:
- par téléphone aux organismes cités ci-dessus,
- par le biais du formulaire de contact,
- ou en le téléchargeant (sites Internet des MDPH, des mairies ou de la CNSA).

2e étape: la constitution du dossier

Votre dossier de demande doit contenir:
- le formulaire de demande complété,

- le certificat médical (formulaire CERFA à retirer à la MDPH ou à télécharger sur le site Internet),
- une photocopie recto-verso d'un justificatif d'identité de la personne handicapée et, le cas échéant, de son représentant légal,
- une photocopie d'un justificatif de domicile pour les adultes (l'avis d'imposition n'en est pas un),
- une attestation de jugement en protection juridique (le cas échéant),
- certaines pièces spécifiques, comme la fiche de parcours professionnel, certificat médical ophtalmologique, suivi de rééducation, etc.

INFOS

Plus le dossier d'une personne est complet, mieux elle sera aidée.

Les autres étapes

Vous devez envoyer ou déposer votre dossier à la MDPH. Dès réception d'un dossier, celui-ci est enregistré et un accusé de réception vous est envoyé. Une équipe d'évaluation pluridisciplinaire se charge d'évaluer les besoins de la personne en situation de handicap en se basant sur le dossier. Si cela est nécessaire, une évaluation complémentaire peut avoir lieu par le biais de la visite d'un professionnel médico-social, d'une visite médicale, de bilans complémentaires. La demande fait ensuite l'objet d'un examen en Équipe Pluridisciplinaire d'Évaluation (EPE). Celle-ci propose un **Plan Personnalisé de Compensation du Handicap** (PPC) qui doit être validé par la Commission des Droits et de l'Autonomie des Personnes Handicapées (CDAPH).

Enfin, la MDPH procède à l'envoi à l'usager de la notification de décision de la CDAPH. Cette décision se fonde sur un guide-barème qui permet de fixer le taux d'incapacité d'une personne, quel que soit son âge, à partir de l'analyse de ses déficiences et de leurs conséquences dans sa vie quotidienne.

L'orientation en milieu protégé

Dans le cas de handicap nécessitant l'admission de la personne au sein du secteur protégé (voir chapitre 4), la Commission des Droits et de l'Autonomie des Personnes Handicapées décide de cette orientation sur proposition de l'Équipe Pluridisciplinaire d'Évaluation.

À SAVOIR

La CDAPH

Les Commissions des Droits et de l'Autonomie des Personnes Handicapées (CDAPH) sont les instances d'étude et de décision des demandes relatives aux personnes handicapées. À la différence des anciennes Cotorep, CDES, CCPE et CCSD, elles suivent la personne tout au long de son projet de vie. Les CDAPH décident de tout (hors taux d'invalidité déterminés par l'Équipe Pluridisciplinaire d'Évaluation) ce qui concerne la vie des enfants et des adultes handicapés : elles proposent des orientations, elles valident l'attribution des aides ou des reconnaissances comme celle de la qualité de travailleur handicapé (RQTH), etc. Elles conseillent, par ailleurs, les établissements d'éducation, de rééducation, de reclassement et attribuent les aides financières.

De l'évaluation du handicap à sa prise en charge

L'évaluation est réalisée par une équipe pluridisciplinaire constituée de médecins, psychologues, ergothérapeutes, parfois d'infirmières et travailleurs sociaux. C'est le cas, par exemple, pour obtenir l'attestation de Reconnaissance de la Qualité de Travailleur Handicapé (RQTH) délivrée par la MDPH. Attention, l'attente pour une convocation d'un médecin de la MDPH, pour un premier entretien, peut être longue.

Pour les jeunes scolarisés, l'équipe pluridisciplinaire élabore, pour décision de la CDAPH, un Plan Personnalisé de Compensation (PPC) qui comprend 2 volets :
- le volet concernant les prestations financières et matérielles destinées à compenser les frais liés au handicap et à ses conséquences (taux d'invalidité, allocation d'éducation de l'enfant handicapé, etc.),
- le volet concernant la scolarisation, qui se traduit dans le Projet Personnalisé de Scolarisation (PPS). Cette feuille de route du parcours de formation propose plusieurs choix d'actions qui sont pédagogiques, psychologiques, ou encore des mesures d'orientation ou d'accompagnement (Auxiliaire de la Vie Scolaire - AVS - matériel pédagogique adapté, aménagement des examens).

Attention, il y a des disparités de traitement suivant les départements.

Témoignage

Marie, responsable associative: « Attention à bien remplir le dossier! »

« Les MDPH n'ont pas la même reconnaissance des diagnostics, elles connaissent mal les troubles dys. Par endroit, on refuse même les aménagements pour des troubles des apprentissages. Et puis il y a aussi le fait que les MDPH ont trop souvent tendance à renvoyer les demandeurs vers les centres référents hospitaliers, ce qui rallonge les délais de prise en charge. Je conseille à tous les parents et personnes dys de préparer leur premier rendez-vous à la MDPH et de se faire accompagner pour remplir le dossier. »

Le référent « insertion professionnelle » de la MDPH

Chaque MDPH dispose en principe d'un référent qui accompagne les personnes en situation de handicap dans leur parcours vers l'emploi. Selon les textes, il est « chargé des relations de la maison départementale avec le directeur départemental du travail, de l'emploi et de la formation professionnelle pour toutes les questions relatives à l'insertion professionnelle des personnes handicapées ». Ce référent « insertion professionnelle » peut mettre en relation l'étudiant ou le chercheur d'emploi avec les interlocuteurs pertinents du département (entreprises, conseillers spécialisés, etc.). On trouve les coordonnées des référents sur les sites Internet des MDPH.

Pour en savoir plus

- **Retrouvez les coordonnées des 100 Maisons Départementales des Personnes Handicapées de France métropolitaine et des départements et territoires d'outre mer:**
  www.mdph.fr
  www.social-sante.gouv.fr

☛ **Voir aussi:**
- Les Missions locales → p. 120
- La RQTH → p. 185
- L'AAH → p. 160

5. L'Office National d'Information sur les Enseignements et les Professions (Onisep)

L'Onisep est un établissement public qui dépend du ministère de l'Éducation nationale et du ministère de l'Enseignement supérieur et de la Recherche. Organisé en réseau, l'Onisep est présent dans la France entière avec ses 28 délégations régionales. Il a pour mission d'informer sur les formations, les métiers et les secteurs professionnels via ses publications et ses services : guides, livres, site Internet, tchats, webclasseur orientation, biblionisep.fr et bien sûr l'espace Formation et handicap d'onisep.fr…

La collection Dossier et les guides régionaux « Après la 3e » et « Après le Bac » comportent tous des pages d'information dédiées aux élèves handicapés. Ces guides sont en téléchargement sur le site Internet de l'Onisep et peuvent être consultés au sein des Centres d'Information et d'Orientation (CIO).

Le portail Internet onisep.fr, avec ses différents sites, reçoit plus de trois millions de « visiteurs uniques ». Ils consultent les informations nationales et régionales sur les formations et les métiers, les bases de données et prennent conseil (par téléphone, mail ou tchat) auprès des conseillers de la plateforme « Mon orientation en ligne ».

L'Onisep a modernisé ses éditions, désormais cross-média, qui sont la base même des documentations accessibles dans les CDI et les CIO. Toutes les publications sont accessibles en ligne via Biblionisep.

Témoignage

Hélène de Compiègne, référente handicap de l'Onisep

« Ces espaces dédiés aux élèves les aident à trouver des filières, des établissements et à mettre en avant leurs compétences. En créant une application mobile accessible, Total Accès, nous avons souhaité nous adapter aux nouvelles technologies pour rendre le site onisep.fr ludique, complet et facile d'accès. »

Une large base de données

L'Onisep avec ses délégations régionales actualise en permanence son information sur les établissements, les formations et les métiers.

La base de données handicap, réactualisée en 2013, permet de trouver des établissements, associations et organismes référents près de son domicile. Son moteur de recherche sémantique permet ainsi d'accéder à la géolocalisation des 6500 établissements dédiés à la scolarisation des élèves handicapés. Par exemple, sont identifiées toutes les Unités Localisées pour l'Inclusion Scolaire (ULIS) des collèges, lycées et lycées professionnels (même s'il y en a très peu qui sont spécialisées dans l'accueil des Dys), et les principaux organismes d'information (centres référents pour les troubles du langage et des apprentissages en particulier). En quelques clics, on trouve rapidement les coordonnées des Maisons Départementales des Personnes Handicapées (MDPH). La recherche peut se faire en sélectionnant le type de handicap. Les troubles des apprentissages (Dys) font partie de la liste.

Dans « Recherche géo-localisée », une carte de France permet de chercher :
- un lycée, un lycée professionnel ou un lycée agricole,
- un lycée accueillant une Unité Localisée pour l'Inclusion Scolaire (ULIS),
- un établissement d'enseignement supérieur.

Le Webclasseur : un outil pratique, numérique et personnalisé

Le « Webclasseur orientation » est un espace de travail numérique qui permet à l'élève de trier, hiérarchiser et mettre en mémoire l'ensemble des informations qu'il a recueillies sur Internet et notamment via le site Internet de l'Onisep. Il est implanté dans de nombreux établissements scolaires.

Espace Formation et handicap d'onisep.fr

L'espace Formation et handicap du site **onisep.fr** donne les informations essentielles sur les parcours de scolarité, les démarches et les acteurs, jusqu'à l'insertion professionnelle. Plus de 300 articles donnent un panorama complet des dispositifs existants.

Les rubriques interactives

• **« Mon stage en ligne »** (www.monstageenligne.fr) est un espace pour les jeunes qui leur permet d'accéder à plusieurs conseils et orientations dans le cadre de leurs diplômes pour se préparer aux stages et aux diplômes. Cet espace leur permet d'accéder à des informations sur les métiers, les débouchés, les salaires, etc.
• **« Mon orientation en ligne »** (www.monorientationenligne.fr) permet de communiquer avec des conseillers de l'Onisep par tchat, mail et téléphone. L'élève peut ainsi faire part de ses besoins et être conseillé à distance.

Liens vers d'autres sites Internet satellites comme « Intégrascol » accessibles via onisep.fr.

Une documentation complète par région

De nombreux guides, annuaires et autres publications mis à jour sont disponibles en téléchargement directement sur le site Internet de l'Onisep. Ces ouvrages couvrent à peu près tous les aspects de la formation et de l'enseignement. Ils permettent, dans un premier temps, de se faire une meilleure idée des métiers et, une fois que l'on a choisi ce que l'on veut faire, de trouver la meilleure voie pour y accéder.

Des ouvrages généraux permettent de comprendre les filières et des guides régionaux élaborés par les délégations régionales de l'Onisep donnent les coordonnées utiles proches de son domicile.

Les guides utiles pour l'orientation d'un jeune atteint d'un trouble du langage et des apprentissages

• **Guides généraux**
Le dico des métiers propose des définitions et un aperçu des métiers existants. Il peut constituer une aide avant de prendre une décision.

Il permet de mieux comprendre le fonctionnement des établissements (collèges et lycées) et de mieux organiser la scolarisation des jeunes.

Chaque numéro de la collection « Dossier » comporte un article dédié aux futurs étudiants en situation de handicap.

Dans ces guides, on trouve des idées de poursuite d'études possibles après un CAP ou un Bac pro et des conseils pour réaliser un CV.

Exemple de guide disponibles : « Après la 3e », « Après le CAP », « La voie pro, que faire après ? »...

- **Guides régionaux**

Attention, les guides régionaux varient selon les académies. Ils ne sont pas disponibles pour toutes.

Dans certains endroits, l'Onisep propose des guides pour la rentrée intitulés « Un CAP pour un métier ». Après la 3e SEGPA, ils sont déclinés par académie. Ils apportent des informations utiles, bien sûr, après la SEGPA, mais aussi pour tous les jeunes qui sortent du collège sans le Brevet. Ces guides présentent les filières d'accès aux premiers diplômes professionnels, les CAP en particulier. Ils donnent aussi les informations locales sur les Chambres des métiers, les lycées professionnels, les CFA (Centre de Formation d'Apprentis), les EREA (Établissement Régional d'Enseignement Adapté).

Dans certaines régions, l'Onisep propose également des guides spécifiques sur les formations en apprentissage.

Les pages régionales et/ou nationales des guides « Après la 3e » et « Après le Bac » comportent des informations dédiées aux élèves handicapés.

À SAVOIR

Les annuaires Handi +

L'Onisep propose une collection Handi + d'annuaires dont les publications suivantes contiennent des informations utiles :
- *Handicap auditif* - paru en avril 2014
- *Handicap moteur* - paru en avril 2014

Ces brochures que l'on peut acheter (5 €) répertorient les établissements spécialisés et les dispositifs d'inclusion scolaire dont certains sont susceptibles d'accueillir des jeunes atteints de trouble dys.

Pour en savoir plus

- **Onisep**
  www.onisep.fr/handicap
  Chargée de mission handicap : Hélène de Compiègne
  Documentaliste handicap : Claire Magimel
  12 mail Barthélémy-Thimonnier,
  CS 10450 Lognes,
  77437 Marne-la-Vallée Cedex 2
  Tél. : 01 64 80 35 03
  Mail : cmagimel@onisep.fr
  (attention ce service ne reçoit pas le public)

- **Sites Internet de l'Onisep :**
  www.onisep.fr
  (où sont téléchargeables tous les guides d'orientation nationaux et régionaux)
  onisep.fr/voie-pro,
  mavoielitteraire.onisep.fr,
  mavoiescientifique.onisep.fr,
  mavoieeconomique.onisep.fr,
  mavoieproeurope.onisep.fr,
  oniseptv.onisep.fr,
  monorientationenligne.fr,
  (des experts de l'Onisep répondent par téléphone ou Internet aux questions des jeunes, notamment en situation de handicap, sur leur orientation)
  monstageenligne.fr

- **Fiches et clips métiers**
  www.onisep.fr/Decouvrir-les-metiers
  http://oniseptv.onisep.fr/
  www.jcomjeune.com/sinformer/etudes-et-metiers (CIDJ)
  http://mediatheque.webtv.afpa.fr/ressources/index/
  www.studya.com/emploi_profession/recrutent.htm
  www.lecanaldesmetiers.tv
  www.letudiant.fr/metiers/tele-des-metiers.html
  www.lesmetiers.net/france5/index-fr.php
  www.lesmetiers.net
  www.orientation-pour-tous.fr/-Choisir-un-metier-.html

- **Guide pour la scolarisation des enfants et adolescents handicapés, 2012 (ministère de l'Éducation nationale) en téléchargement sur** www.education.gouv.fr, cette brochure destinée à l'information des familles donne des informations sur les parcours.

☛ **Voir aussi :** CIO → p. 28

6. Les salons, stages, journées portes ouvertes...

Avoir une idée de ce que l'on veut faire plus tard, c'est une chose. Que cette idée corresponde à peu près à la réalité du métier que l'on fera, c'en est une autre ! Pour connaître, avant de se décider, ce que sera son futur métier, il existe plusieurs possibilités.

Les salons

À Paris comme en régions, les salons professionnels permettent de rencontrer des entreprises dans à peu près tous les corps de métiers. Du salon des produits bio à celui de la pâtisserie, du mondial de l'automobile au mondial de la coiffure, Paris voit défiler toutes les professions au cours de l'année. Le salon européen de l'éducation organisé annuellement en novembre rassemble aussi bien les services publics que des écoles en tout genre : c'est un bon endroit pour rencontrer des spécialistes.

En régions, les manifestations des centres des congrès, foires internationales, etc. proposent aussi ces rencontres avec des professionnels et des organismes de formation.

Les stages

Il n'est jamais trop tôt pour découvrir le fonctionnement des entreprises. On peut même faire des stages de découverte avant l'âge légal du travail. Dès 14 ans, les élèves des classes de 4e et de 3e peuvent aller en entreprise. Les stages doivent être encadrés par une convention signée entre l'établissement scolaire et l'entreprise, l'élève restant sous statut scolaire pendant sa présence dans les locaux de l'entreprise. La circulaire qui définit les modalités des stages pour les élèves est parue au Bulletin Officiel de l'Éducation Nationale (BOEN) n° 34 du 18 septembre 2003.

On peut la consulter sur Internet et même télécharger une convention de stage prête à être signée par l'établissement scolaire et l'entreprise.

Autonomic et Handica

Chaque année, dans plusieurs villes de France, l'ADAPT (Association pour l'insertion sociale et professionnelle des personnes handicapées) participe aux salons Autonomic et Handica (stands, conférences et espace de coaching et de conseils). Au sein de ces salons, l'ADAPT a créé un Village « Emploi & Insertion » qui regroupe des Missions Handicap de grandes sociétés qui proposent des emplois, des stages et des formations (Capgemini, France Telecom/Orange, La Poste, SPIE, etc.). Ces salons ont lieu dans les villes suivantes, en général tous les 2 ans : Toulouse (Parc Expo), Lyon (Eurexpo Lyon), Rennes (Parc Expo), Lille (Grand Palais) et Paris (Porte de Versailles).

Les journées portes ouvertes

Centres de Formation pour Apprentis, lycées professionnels, écoles spécialisées… beaucoup de lieux de formation organisent des journées portes ouvertes. C'est l'occasion de rencontrer les équipes, de visiter les lieux et de parler aussi avec des élèves. Contactez-les longtemps à l'avance. Les portes ouvertes se font souvent au deuxième trimestre scolaire (janvier-février) lorsque les jeunes doivent formuler leurs vœux d'orientation. Pour ceux qui présentent des difficultés spécifiques, il vaut mieux s'y prendre avec un peu plus d'avance.

Témoignage

Caroline, 19 ans

« Je prépare un CAP d'ETC (Employé Technique de Collectivité). Plus tard, je voudrais travailler avec des enfants, mais mes parents me disent que c'est trop difficile pour moi. Pourtant, j'ai fait un stage il y a quelques années dans une école maternelle. J'aidais la maîtresse, je préparais le matériel. J'accompagnais les enfants à la cantine, dans la cour, aux toilettes. Il fallait aussi les aider à mettre leur blouse.

Au lycée, c'est ma professeure de cuisine qui s'occupe de trouver des stages pour nous. Elle m'a envoyée deux fois en maison de retraite. La première fois, ça allait, les personnes âgées étaient gentilles avec moi. Mais ensuite, j'ai refait un stage et il y a quelqu'un qui est mort dans la maison de retraite. C'était horrible. Je n'aime pas travailler dans les maisons de retraite. Dans quinze jours, je retourne en stage, encore

Témoignage (suite)

dans une maison de retraite ; j'ai un peu peur. Je suis allée rencontrer le directeur avant de faire ce stage, mais je n'ai vu que son bureau, je n'ai pas vu les personnes âgées.

J'aimerais bien être ATSEM (Agent Technicien Spécialisé des Écoles Maternelles). J'adore les enfants. Je n'aime pas travailler avec les personnes âgées. J'en ai pas trop parlé à mes parents, parce qu'ils pensent que c'est trop dur pour moi. Dans mon école, je m'entends bien avec ma prof de math, mais ce n'est pas elle qui s'occupe de nous trouver des stages alors ça ne sert à rien de lui en parler. »

7. Les centres de préorientation

Les personnes handicapées dont l'orientation professionnelle présente des difficultés particulières peuvent être accueillies dans un centre de préorientation, sur décision de la CDAPH. L'objectif de cet accueil est, à travers notamment des mises en situation de travail, d'élaborer un projet professionnel préalable à une insertion dans le milieu du travail.

Rôle des centres de préorientation

Les centres de préorientation ont pour mission de contribuer à l'orientation professionnelle des travailleurs handicapés.

Ils ont une vocation interdépartementale ou régionale et peuvent être rattachés à des établissements de réadaptation fonctionnelle ou de rééducation professionnelle.

Ils passent une convention avec les MDPH afin de coordonner leurs interventions auprès des personnes handicapées.

Les centres de préorientation sont des établissements et services sociaux et médico-sociaux agréés par arrêté du préfet de région : à ce titre, leur fonctionnement est régi principalement par les dispositions figurant dans le Code de l'action sociale et des familles.

Qui peut être admis en centres de préorientation ?

Les centres de préorientation accueillent, sur décision motivée de la CDAPH, les travailleurs reconnus handicapés dont l'orientation professionnelle présente des difficultés particulières qui n'ont pu être résolues par l'équipe pluridisciplinaire de cette commission.

Les actions menées

Les intéressés sont accueillis au centre de préorientation pour une période de 8 à 12 semaines. Pendant leur séjour, afin d'évaluer leurs aptitudes et compétences, ils sont généralement mis dans des situations de travail caractéristiques de catégorie de métiers nettement différents les uns des autres. Ils sont également informés des perspectives professionnelles que leur offrent ces métiers.

Les enseignements théoriques et pratiques ont pour but de leur permettre d'élaborer un projet professionnel personnalisé.

À l'issue de la période de préorientation, le centre adresse à la CDAPH un rapport détaillé sur les souhaits et les capacités d'adaptation intellectuelle et physique de la personne observée. Celle-ci peut ensuite, selon les résultats obtenus, être orientée vers :
- une formation professionnelle, dans un centre de rééducation professionnelle (CRP) ou dispensée par un organisme de formation de droit commun,
- un emploi dans un Établissement et Service d'Aide par le Travail (ESAT), en milieu ordinaire de travail ou au sein d'une Entreprise Adaptée.

Le statut des personnes en centre de préorientation

Ces personnes bénéficient du statut de stagiaires de la formation professionnelle. Leur rémunération varie selon leur situation antérieure.

Pour en savoir plus

- ***L'emploi des personnes handicapées*, Guide pratique 2013, 5e édition, La Documentation française, ministère du Travail, de l'Emploi et de la Santé.**

CHAPITRE 3

Apprendre un métier

De nombreuses voies sont possibles pour apprendre un métier. Avant 16 ans, il s'agit d'acquérir des connaissances générales. Après 16 ans, il faut s'employer à apprendre un métier en lien avec ses goûts, ses capacités et son projet professionnel.

Deux grandes orientations se profilent pour accéder aux formations professionnelles quand on est un jeune atteint de troubles du langage et des apprentissages : les filières ordinaires et celles du milieu spécialisé ou milieu « protégé ».

Souvent les Dys suivent la voie professionnelle pour apprendre un métier.

Ce chapitre présente les principaux dispositifs de formation professionnelle accessibles à des jeunes Dys.

L'IMPro (Institut Médico-Professionnel) est l'établissement du milieu spécialisé qui propose des formations professionnelles. Pour ce qui est du milieu ordinaire, les formules sont nombreuses.

À noter cependant une différence majeure entre deux types de formations : l'apprentissage d'une part, les filières scolaires d'autre part.

Dans le premier cas, le jeune est salarié, dans le second, il est élève. Centre de Formation des Apprentis (CFA) et lycée professionnel sont les établissements correspondant à ces deux possibilités. Plus qu'une différence de statut, ce sont deux modes de vie qui s'offrent au jeune : l'entreprise (dès l'âge de seize ans s'il le souhaite) ou le milieu scolaire (incluant désormais des stages en entreprise). Les jeunes en apprentissage ont déjà un pied dans la vie professionnelle et c'est sans doute par ce biais qu'il faut envisager leur orientation ; le premier acte est de trouver un employeur pour signer le contrat d'apprentissage, puis de s'inscrire dans le CFA correspondant au métier. Le CFA peut aussi aider à trouver un employeur grâce à ses partenariats et contacts.

Cependant la vie d'apprenti est double du fait de l'alternance CFA/entreprise : il faut savoir gérer la vie scolaire et la vie professionnelle avec deux emplois du temps, deux mondes parallèles, etc., ce qui peut représenter une vraie difficulté pour les Dys.

À SAVOIR

La voie professionnelle

La voie professionnelle permet d'**acquérir des connaissances et des compétences dans un domaine professionnel.** Les élèves préparent après la 3e un CAP ou un baccalauréat professionnel :
- le **certificat d'aptitude professionnelle** (CAP) conduit principalement à la vie active ; il peut être complété par une Mention Complémentaire (MC) ;
- le baccalauréat professionnel vise l'insertion dans la vie active ou la poursuite d'études en section de technicien supérieur ;
- le BEP est un diplôme intermédiaire présenté pendant le cursus menant au baccalauréat professionnel. Ce n'est plus une voie de formation à proprement parler.

Après la 3e, un élève peut préparer :
- **un certificat d'aptitude professionnelle** (CAP) en 2 ans,
- **un baccalauréat professionnel** en 3 ans. Le passage d'un autre diplôme est prévu pendant ce cursus : BEP rénové, CAP plus rarement.

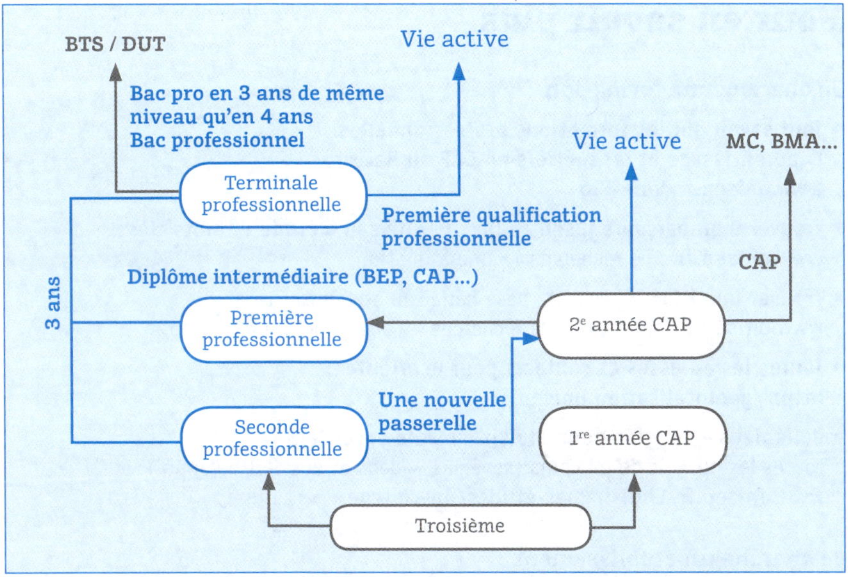

La voie professionnelle, majoritairement suivie par les Dys

En lycée professionnel, l'intégration des élèves peut se faire en individuel (un jeune en situation de handicap dans un établissement ordinaire) ou collectivement (une classe spécialisée ou un dispositif au sein d'un établissement, type ULIS).

L'insertion professionnelle peut se préparer en amont. En effet, dès le collège, des dispositifs de découverte professionnelle permettent de se préparer à s'engager dans une formation professionnelle.

En dehors de la reconnaissance par des diplômes délivrés par l'Éducation nationale, il existe notamment pour des jeunes en grande difficulté dans les matières générales, des reconnaissances de qualification professionnelle : les Certificats de Qualification Professionnelle (CQP).

Les diplômes de la voie professionnelle se caractérisent par l'exigence d'obtenir la moyenne à la fois dans la partie professionnelle et dans la partie d'enseignement général. Sur le marché de l'emploi, notamment au niveau 5 (voir plus bas), les employeurs sont intéressés par la maîtrise de la partie professionnelle. Cela permet à des jeunes venus de SEGPA ou à des jeunes en difficulté cognitive d'accéder à l'emploi.

Pour en savoir plus

Je cherche une formation

- **Tout savoir sur les formations professionnelles, l'apprentissage et les métiers du CAP au Bac pro :**
  www.onisep.fr/Voie-Pro
- **Trouver mon parcours jusqu'au Bac, par niveau d'étude et mots clés :**
  www.onisep.fr « Je recherche » « une formation »
- **Trouver une ULIS** (accès à la base handicap de l'Onisep) :
  www.onisep.fr/handicap « Je recherche » « une structure handicap »
- **Toutes les adresses et contacts pour m'orienter :**
  http://geolocalisation.onisep.fr
- **Collégiens – les clés pour choisir ma voie après la 3e**,
  toutes les options de parcours (schémas, vidéos et dossiers à l'appui) :
  www.onisep.fr/Choisir-mes-etudes/Au-college

Je cherche un établissement

- **Trouver mon lycée professionnel par académie, par département, par ville :**
  www.education.gouv.fr/annuaire
- **Trouver mon lycée professionnel, par type de formation, par métier :**
  www.onisep.fr

Je cherche un métier

- **Découvrir les métiers par secteur professionnel ou par goût :**
  www.onisep.fr
- **Découvrir les métiers en images grâce à l'Onisep TV :**
  www.oniseptv.onisep.fr

Je cherche un secteur d'activité

- **Découvrir les fédérations professionnelles partenaires du ministère :**
  http://cache.media.education.gouv.fr/file/Ma_voie_pro/77/2/Federations_professionnelles_partenaires_48772.pdf

1. Aménagements et organisation des examens

Pendant ses études, le jeune Dys devra connaître et faire valoir ses droits aux aménagements pédagogiques d'une part, et aux aménagements des épreuves en vue de l'obtention de diplômes, d'autre part.

Témoignage

Laurent, dyslexique, 16 ans

« Ce qui me pénalise le plus, c'est la lenteur. J'ai acquis un bon niveau de lecture mais ma façon de lire est très lente. Je crois que j'ai une bonne compréhension mais il faut me laisser le temps de déchiffrer. »

Parce qu'il est dommage de rater de peu un examen, de manquer de temps ou de ne pas pouvoir être évalué à sa juste valeur, plusieurs aménagements sont possibles pour le passage des examens et des concours.

Voyons d'abord ce qu'il en est pour les diplômes de l'enseignement secondaire et supérieur délivrés par le ministère de l'Éducation nationale, le ministère de l'Agriculture et le ministère de l'Enseignement supérieur.

Qui est concerné

La **circulaire du 27 décembre 2011** précise que « sont concernés les candidats qui présentent, au moment des épreuves, un handicap tel que défini à l'article L. 114 du Code de l'action sociale et des familles, dont la rédaction est à ce jour la suivante: "Constitue un handicap toute limitation d'activité ou restriction de participation à la vie en société subie dans son environnement par une personne en raison d'une altération substantielle, durable ou définitive d'une ou plusieurs fonctions physiques, sensorielles, mentales, cognitives ou psychiques, d'un polyhandicap ou d'un trouble de la santé invalidant." »

Donc les troubles dys, handicap cognitif, ouvrent désormais l'accès aux aménagements prévus pour le passage de l'examen. Il reste essentiel de bien préparer son dossier de demande.

À SAVOIR

Attention !

Il y a souvent confusion entre PAI, PAP ou PPS et aménagement aux examens. Il faut distinguer aménagements pédagogiques dans le cadre d'un PAI, PAP ou d'un PPS et aménagements aux examens qui s'appuient sur de nombreux textes très spécifiques qui ne nécessitent pas forcément de PAI ou de PPS. Par exemple dans les CFA, ces dispositifs n'existent pas mais leurs apprentis bénéficient d'aménagements aux examens.

Par ailleurs, il existe de nombreux autres ministères certificateurs (Défense, Travail, Fonction publique...) qui doivent eux aussi proposer des aménagements aux examens et concours pour les personnes en situation de handicap, avec référence à des textes (décrets, arrêtés) qui leur sont spécifiques (voir fin de ce paragraphe).

Ce qui est proposé

Témoignage

Le cas d'un jeune collégien raconté par son père

« Depuis 2 ans, mon fils est dans un collège, avec un PAI, à Courbevoie où il bénéficie d'un accompagnement plus adéquat. Certains professeurs lui allègent les cours. Ils lui donnent un tiers temps supplémentaire lors d'examens. Ils lui mettent les cours sur clé USB. »

Au lycée et à l'université ou en Grande École, des compensations, sous la forme d'aides techniques ou humaines, sont parfois indispensables : synthèse ou reconnaissance vocales, ordinateur et logiciels adaptés, enregistreurs numériques, prise de notes, photocopies et polycopies de cours (mise en ligne de documents) mais aussi soutien, tutorat ou parrainage par un autre étudiant. Pour certains, une aide à la manipulation (par exemple, lors des Travaux Pratiques), au rangement des documents et à l'utilisation des ouvrages en bibliothèque s'avère nécessaire.

Pour les examens, selon le degré de sévérité des difficultés et au cas par cas, il peut être demandé :

- le « temps de composition majoré » (parfois appelé « tiers-temps ») qui permet d'allonger le temps dont disposent les candidats lors d'épreuves écrites, orales ou pratiques. Si l'épreuve est vraiment très longue, le candidat aura le droit à davantage de pauses ou de repos (il faut spécifier cette demande de temps de repos qui pourra être comprise ou non dans le temps de composition),
- l'étalement des épreuves,
- le recours à un « secrétaire » pour la lecture des énoncés ou l'aide à la rédaction. Le candidat qui utilise habituellement un matériel spécifique doit prévoir l'utilisation de son propre matériel (ordinateur, etc.) muni des logiciels *ad hoc*, pouvant inclure un correcteur d'orthographe,
- la dispense de certaines matières orales ou écrites comme la seconde langue vivante au Baccalauréat, et, « s'agissant des épreuves orales des examens et concours, les candidats présentant un handicap qui ne leur permet pas de s'exprimer oralement (dysphasie, bégaiement, etc.) peuvent utiliser la communication écrite manuelle (incluant la consultation par l'examinateur des notes rédigées dans le temps de préparation de l'épreuve) ou l'écriture machine.

Ceci ne s'applique pas aux épreuves d'examen ou de concours faisant l'objet d'une réglementation particulière, notamment les baccalauréats général, technologique et professionnel »[2].

À SAVOIR

Anticiper les demandes d'aménagement

Attention ! Il est essentiel que l'aménagement de l'examen ait été préparé au cours de l'année[1]. Il est préférable que la demande de tiers-temps, par exemple, soit faite avec l'accord de l'équipe pédagogique. Il est également important de demander son avis au jeune. Même si l'anonymat garantit au candidat qu'il ne pourra pas être identifié comme « aidé », il risque de se retrouver dans une salle à part au moment du passage de l'épreuve et donc à l'écart de ses camarades. Il vaut donc mieux qu'il ait donné son accord avant. Et parfois, dès le collège, prendre l'habitude de se rapprocher de l'équipe enseignante.

1. En 2013, cela a même fait partie d'une note de cadrage de la DGESCO pour la préparation du brevet http://webtice.ac-guyane.fr/musique/IMG/pdf/cadrage_dnb2013.pdf.

2. Circulaire n° 2011-220 du 27-12-2011.

Certains élèves, notamment dyslexiques, préfèrent se débrouiller seuls. C'est tout à leur honneur, mais se priver de PAI, PAP et d'aménagement aux examens, peut leur être préjudiciable.

Les examens concernés

Toutes les épreuves du second degré ou de l'enseignement supérieur y compris celles des établissements ou services sous tutelle du ministère de l'Éducation nationale peuvent faire l'objet d'une demande d'aménagement et ce, quelque soit le mode d'évaluation : épreuves ponctuelles, partiels, contrôle continu, contrôle en cours de formation, entretien.

La demande à la MDPH

Elle concerne les personnes dys reconnues « handicapées », celles qui ont un PPS. Mais comme précisé plus haut, on peut faire des demandes d'aménagements sans handicap, si l'on a un PAI par exemple.

Les parents feront un courrier demandant des « dispositions spéciales aux examens », conjointement avec le médecin scolaire et le chef d'établissement. Les parents ou le candidat lui-même devront faire attention à réunir les documents sur le parcours scolaire :

À SAVOIR

Les conseils pratiques

Pensez à faire des photocopies de tous les documents (de manière à pouvoir les laisser sur place) et les apporter au médecin scolaire le jour du rendez-vous.
Il est recommandé d'adresser simultanément une copie de la demande (sans **informations médicales**) au service chargé d'organiser l'examen.

Le dossier devra être envoyé, par l'intermédiaire du médecin scolaire de l'établissement, au recteur pour le Bac, à l'inspecteur d'académie pour le brevet des collèges, les brevets de technicien et BTS.

Même si la circulaire prévoit que la réponse sera adressée suffisamment tôt, les délais peuvent être longs. Mieux vaut s'y prendre à l'avance (en cours d'année scolaire).

À l'université : pour les étudiants, il faut s'adresser au Service Universitaire de Médecine Préventive et de Promotion de la Santé (SUMPPS).
Les autres candidats (scolarisés au CNED, candidats individuels, etc.) doivent transmettre leur demande directement au médecin de la MDPH.

– les bilans et préconisations de l'orthophoniste ou de toute autre notification de la MDPH quand l'élève y est déjà connu, certificat du médecin spécialisé dans les troubles du langage et des apprentissages (neuro-pédiatre, phoniatre, pédopsychiatre), bilan pluridisciplinaire, avis d'un enseignant référent, etc.
– le bilan orthophonique doit quantifier le retard orthographique et lexical. C'est-à-dire mesurer le décalage du niveau de lecture par rapport à l'âge et au niveau scolaire.

La parole du médecin

Le médecin scolaire donne un avis important. Sa parole est souvent déterminante. Il est d'abord un professionnel de la santé. Il connaît le fonctionnement de l'établissement, mais n'est pas spécialiste d'éducation ou de pédagogie adaptée pour les Dys. Il est donc stratégiquement indispensable de lui remettre un dossier solide qui s'appuie sur des informations médicales précises pour le convaincre afin qu'il en tire des recommandations pédagogiques (temps, secrétaire, etc.).

Témoignage

Julie, 15 ans, Paris

« J'ai 15 ans, je suis dyslexique, dyspraxique visuo-spatiale et dysgraphique. Au quotidien ce n'est pas simple car je suis très maladroite. J'ai été diagnostiquée il y a 4 ans, pourtant enfant, j'étais déjà suivie par une orthophoniste et une psychomotricienne.

Personne n'a jamais vraiment su ce que j'avais. Mes enseignants non plus. À l'école, on ne pouvait pas lire un mot de ce que j'écrivais. Lorsque ma mère demandait si on pouvait faire des tests pour savoir si j'avais quelque chose, les professeurs répondaient souvent que ce n'était qu'un problème de motivation, que je n'avais pas envie de faire des efforts. Quand je suis arrivée au collège, on m'a envoyée chez un ergothérapeute qui m'a ensuite orientée vers un médecin spécialisé. Maintenant au collège, je suis suivie par un ergothérapeute et une orthophoniste. J'ai un ordinateur et un tiers temps pour les contrôles. En juin 2010, j'ai obtenu mon Brevet mais j'ai décidé de refaire ma 3e car j'avais peur de ne pas réussir en seconde générale. Plus tard, j'aimerais être professeure ou assistante sociale. »

Pour une demande de temps de composition majorée (parfois appelé « tiers-temps »), il est important d'insister sur le problème de la lenteur dans la réalisation des travaux écrits et de faire souligner ce point par tous les intervenants.

Le médecin scolaire vous retournera une attestation expliquant les aménagements nécessaires. Il faudra ensuite présenter ce document au moment de l'inscription à l'examen et, au plus tard, un mois avant les premières épreuves.

Témoignage

Le calvaire de Denis, 17 ans, dyslexique

« L'orthographe est un vrai calvaire pour Denis. Quand il écrit, c'est de la phonétique. Il a choisi une voie manuelle. Il est manœuvre. Tout se passe très bien, c'est un bon élément pour l'équipe et il n'a aucun aménagement particulier [...] Ce qui est difficile pour lui, c'est la progression dans l'emploi vers des missions de responsabilité. Sur le terrain, il s'en sort parfaitement bien mais il ne faut pas qu'il y ait des papiers à gérer ou des lettres à rédiger car l'administratif n'est vraiment pas son fort. Il souhaitait tenter le passage d'un Bac professionnel pour obtenir de nouvelles qualifications mais, là encore, le barrage des examens et l'angoisse des épreuves lui font abandonner l'idée ».

Les examens pour l'obtention de certifications autres que celles du ministère de l'Éducation nationale et du ministère de l'Enseignement supérieur font également l'objet d'aménagements.

Par exemple, dans le cas de la formation professionnelle continue, les différents acteurs de la formation (organismes de formation, établissements d'enseignement, entreprises, organisations professionnelles, État, collectivités locales...) doivent mettre en œuvre pour les personnes en situation de handicap ou présentant un trouble de santé invalidant, au titre de la formation professionnelle continue, les adaptations nécessaires pour la formation et la validation de la formation.

Ces adaptations peuvent être individuelles ou collectives, dans le cas de groupes de personnes ayant des besoins similaires.

Pour la formation, le décret de 9 janvier 2006 du Code du travail stipule un accueil partiel ou discontinu, une durée adaptée et des adaptations qui portent sur les méthodes et les ressources pédagogiques, pouvant faire appel aux possibilités des technologies de l'information et de la communication.

Pour la validation de la formation, ces adaptations recouvrent des aménagements des modalités générales d'évaluation des connaissances et des compétences acquises au cours de la formation. Ces aménagements doivent être mis en œuvre aussi bien par les organismes dispensant des formations professionnelles que ceux délivrant des certifications professionnelles, chacun pour son type de certification. Par exemple, l'arrêté du 8 décembre 2008 du ministère chargé du Travail porte sur le règlement général des sessions pour l'obtention du Titre Professionnel. Cet arrêté stipule, pour la programmation et la préparation des sessions : « lorsque des modalités particulières d'organisation des sessions (durée des épreuves, aides techniques...) doivent être prévues pour des personnes handicapées, en application des dispositions des articles D. 5211-2 et suivants du code du travail, le centre organisateur en demande l'autorisation au directeur départemental du travail, de l'emploi et de la formation professionnelle et en informe le jury. »

Pour en savoir plus

- www.education.gouv.fr
  Vous pouvez aussi vous reporter à la page « Coordonnées de l'**académie** » du site Internet de votre **académie de référence.** Repérerez les coordonnées du service de promotion de la santé en faveur des élèves dans l'organigramme de votre Inspection académique.

☛ **Voir aussi**
- MDPH → p. 34
- Diplômes et examens → p. 60

2. Diplômes et examens

Beaucoup de jeunes atteints de troubles spécifiques du langage et des apprentissages, les Dys, sortent du système scolaire avec un faible niveau et souvent non diplômés. Pourtant, l'accès au monde du travail est souvent conditionné à un niveau de qualification validé par un diplôme.

Diplômes et Certifications professionnelles

Les certifications professionnelles portent des noms différents selon les organismes qui les proposent, par exemple : Diplômes pour le ministère chargé de l'Éducation nationale, Titres Professionnels pour le ministère du Travail ou Certificats de Qualification Professionnelle pour les branches professionnelles.

Il existe plusieurs ministères qui proposent des certifications professionnelles :

- le ministère chargé de l'Agriculture (CAPA, BEPA, BTSA)
- le ministère chargé de l'Éducation nationale (CAP, Bac pro...)
- le ministère chargé de l'Enseignement supérieur (DUT, licence, Master...)
- le ministère chargé de l'Emploi (Titres professionnels)
- le ministère chargé des Affaires sociales (DEAMP, DEES, DEEJE...)
- le ministère chargé des Sports (BAPAAT, BEATEP, BEES, BPJEPS...)
- le ministère chargé de la Santé
- le ministère chargé de la Culture

Les **certifications** sont classées en cinq niveaux :

- niveau V bis ou VI : sans diplôme ou Brevet National des collèges
- niveau V : diplôme du CAP ou BEP, etc.
- niveau IV : Brevet de technicien (BT) ou diplôme du baccalauréat (général, technologique, professionnel), etc.
- niveau III : Brevet de Technicien Supérieur (BTS), Diplôme universitaire de technologie (DUT), mais aussi DEES, DEASS, etc.
- niveau II : diplôme de Licence ou de master 1, etc.
- niveau I : Master 2, diplôme d'Ingénieur, doctorat, etc.

INFOS

Cette classification datant de 1969 n'intègre pas pour l'instant la réforme LMD (Licence - Master - Doctorat).

L'ensemble des certifications professionnelles reconnues est classé dans le répertoire national des certifications professionnelles (**RNCP**) : www.rncp.cncp.gouv.fr

Ce répertoire est établi et actualisé par la Commission nationale de la certification professionnelle (CNCP). Créée par la loi de modernisation sociale n° 2002-73 du 17 janvier 2002, cette commission est placée sous l'autorité du ministre en charge de la formation professionnelle. Elle est composée de 43 membres : représentants ministériels, représentants des régions, partenaires sociaux, représentants des chambres consulaires et personnes qualifiées.

Les certifications enregistrées dans le répertoire sont reconnues sur l'ensemble du territoire national. Ce répertoire permet de connaître les formations ou les procédures de validation des acquis de l'expérience (VAE) qui aboutissent à une certification reconnue et son niveau.

Le classement dans le RNCP s'effectue par domaine d'activité et par niveau.

La fiche descriptive de chaque certification professionnelle comporte :
- le niveau et le domaine d'activité,
- le résumé du référentiel de l'emploi ou des compétences acquises,
- les types d'emplois accessibles par le détenteur de cette certification,
- les modalités d'accès à la certification : modules de formation, épreuves d'évaluation (contrôle continu, examen final, stage pratique en entreprise, rédaction et soutenance d'un mémoire...), statut du candidat (parcours de formation continue, contrat d'apprentissage, contrat de professionnalisation, candidature individuelle, VAE...),
- le nombre de candidats certifiés les années précédentes et les coordonnées de l'organisme certificateur.

Préparation du certificat d'aptitude professionnelle

Le CAP offre un premier niveau de qualification à ceux qui souhaitent accéder rapidement à la vie active.

Un CAP se prépare par la **formation initiale, sous statut de lycéen ou d'apprenti** :
- en 2 ans après la classe de 3e,
- en 1 an après un premier CAP, voire un BEP,
- après une 2de professionnelle, en accédant à la classe terminale du cycle de 2 ans.

ou par la formation professionnelle continue.

Un CAP s'obtient également par la validation des acquis de l'expérience (VAE) ou en se présentant directement à l'examen si on est majeur.

La liste des spécialités est consultable sur le site Internet Éduscol (**eduscol.education.fr**)

Après le CAP

Les diplômés peuvent s'engager dans la **vie active** ou continuer leurs études :
- des formations en un an permettent une adaptation à l'emploi, par exemple la **mention complémentaire** (MC) ou **formation complémentaire d'initiative locale** (FCIL),
- une admission en **1re professionnelle** est possible sur demande de la famille et après avis du conseil de classe, l'élève prépare une spécialité de baccalauréat professionnel en cohérence avec celle du CAP obtenu,
- une préparation au brevet des métiers d'art (BMA) est envisageable, en fonction de la spécialité obtenue.

Il est possible pour un jeune ayant obtenu un CAP dans un domaine d'avoir des facilités pour passer un autre CAP dans ce même domaine. Par exemple, dans le domaine de la logistique, un titulaire d'un CAP « Agent d'entreposage » pourra facilement passer le diplôme CAP « Emballeur ». On parle alors de « CAP connexes ».

En dépit de l'exigence croissante de niveau scolaire, le CAP reste un diplôme très bien reconnu par la plupart des branches professionnelles. L'obtention du CAP couplée à une première expérience professionnelle constitue une bonne porte d'entrée vers l'emploi.

Témoignage

Le cas de Paul, 19 ans, Arras, raconté par ses parents

« Paul est maçon et semble aujourd'hui avoir trouvé sa voie. Il a toujours su ce qu'il voulait faire comme métier, il trouvait de toute façon cela trop compliqué d'aller jusqu'en terminale. On l'a poussé à faire un Bac professionnel mais il souhaitait travailler. Rien ne l'empêche de reprendre ses études plus tard. Dès le départ, il avait son idée en tête : c'était maçon ou paysagiste. Alors, à la suite d'une troisième DP6, avec une option spéciale maçonnerie, il a décroché son Brevet et a pu découvrir ce métier par des ateliers. Au lycée, il a poursuivi son CAP Maçon avec une alternance en entreprise. Il vient de la terminer cette année. Il a trouvé très rapidement un poste en se présentant dans une agence d'intérim. Je croise les doigts pour qu'il décroche bientôt un emploi stable ! »

Certains employeurs, dans des métiers qui ont du mal à recruter (dits « métiers en tension »), étudient même les candidatures de jeunes qui ont échoué au CAP, mais qui ont mené leur apprentissage à son terme.

L'alternative du Certificat de formation générale (CFG)

Il correspond à l'ancien certificat d'études. Il n'est pas pris en compte dans la classification des diplômes. Il se situe en dessous des diplômes de niveau 5, c'est dire qu'il a peu de reconnaissance. Il n'est plus exigé pour l'admission dans des écoles ou des centres de formation. Le CFG permet cependant à des jeunes ayant un niveau de scolarité faible d'avoir tout de même un diplôme et à de futurs candidats au CAP de disposer déjà de quelques équivalences pour certaines épreuves de formations générales qui ne seront plus à repasser.

On peut passer le CFG en fin de scolarité ou en candidat libre : cette formule peut être intéressante pour les jeunes des ULIS, les élèves de troisième des enseignements généraux et professionnels adaptés (SEGPA de collège et EREA) qui ne pourraient pas présenter le brevet, les jeunes en classe préparatoire à l'apprentissage. Pour cela, il faut se renseigner auprès des services « examens » de son académie.

Penser à demander les aménagements prévus, à l'écrit comme à l'oral.

INFOS

Pour présenter le CFG en fin d'année scolaire en candidat libre, il faut s'y prendre dès le mois de janvier et contacter le centre d'examen proche de son domicile, dès le premier trimestre de l'année scolaire. Les procédures peuvent être longues.

Voir aussi :
- La MDPH → p. 34
- Aménagement et organisation des examens → p. 53

3. L'aide aux devoirs

Aider son enfant sans l'envahir… L'aide aux devoirs doit permettre d'entourer mais pas forcément d'assister. De nombreux parents d'enfants dys rencontrés nous ont fait part de leurs difficultés concernant l'aide aux devoirs. Il n'y a pas de méthode universelle, mais voici tout de même quelques conseils utiles.

Aide aux devoirs : jusqu'où ?

Lorsque le retard s'accumule en classe, on a tendance à penser que la réussite scolaire dépend uniquement de la quantité de travail qu'on est capable de fournir à la maison. Pourtant, il n'est pas toujours nécessaire d'y passer des heures. D'autant que pour le jeune comme pour ses parents, il est souvent difficile de se remettre au travail en fin de journée. Toute la difficulté pour les parents réside dans le fait de trouver le juste milieu, entre un certain détachement par rapport à ces fameux devoirs et une attention fine accordée au suivi des cours, des résultats, des observations du corps enseignant.

Quels outils possibles ?

S'organiser pour bien travailler, c'est aussi être équipé. Pensez à utiliser les supports d'organisation que le jeune connaît déjà : le dictionnaire, le répertoire, les fiches bristol, le surligneur, l'atlas, l'encyclopédie, etc. Mais aussi le matériel adapté, pour ceux qui y ont droit en classe ou lors d'examens : ordinateur, magnétophone, logiciel adapté, autres supports, etc.

Pour les chercheurs d'emploi : un cahier de rendez-vous, un agenda, des fiches-dossiers, des classeurs et répertoires. Les structures d'orientation proposent cet éventail d'outils parfois bien adaptés, souvent pratiques et simples.

Bonnes pratiques pour les parents

- Déterminez le lieu et le créneau horaire de travail. À la maison, on est dans son élément et mieux vaut être au calme : sans bruit, ni télévision. L'essentiel est que vous l'aidiez à trouver son rythme de travail.
- Ayez un contact régulier avec le « preneur de notes » ou la personne qui l'aide (cours, examens, etc.).
- Essayez, le plus possible, de ne pas faire les devoirs à sa place.
- Essayez de varier l'aide aux devoirs. N'hésitez pas à faire intervenir un de ses camarades, s'il ne comprend pas les énoncés (possible de son domicile, par contact mail ou téléphone).
- Gardez le programme de la journée comme fil conducteur, sans vous éparpiller.
- Relisez souvent pour une meilleure compréhension des énoncés et une bonne expression orale.
- S'il a un exercice à faire, c'est sans doute la partie qu'il va trouver la plus laborieuse car, en plus de devoir réfléchir et apprendre, il va devoir écrire. Tentez de rendre attrayant le travail !
- Ménagez des pauses pendant lesquelles il peut se reposer ou bouger.

L'exposé en classe

Il a un exposé à préparer ? La règle d'or est de s'y prendre suffisamment à l'avance pour avoir le temps de compiler toute la documentation et travailler l'expression orale. L'exposé est souvent un bon exercice de préparation à l'emploi. Si le jeune n'y pense pas, rappelez-lui qu'il existe des astuces pour s'y préparer : un carnet où il peut noter une idée par page, des affiches placardées dans sa chambre, un magnéto, etc.

Quelques idées…

Il est important et pratique de trouver des occasions de s'exercer. Si le jeune a des difficultés en arithmétique, faites-le participer à l'évaluation du budget du goûter d'anniversaire, des vacances ou faites-lui vérifier son relevé de compte bancaire avec les tickets conservés, etc. En revanche, si c'est l'orthographe qui pose problème, faites-lui par exemple rédiger des cartons d'invitations, des cartes postales, des mails aux amis, grands-parents, etc.

Témoignage

Le cas de Philippe, 20 ans, dyslexique, Honfleur, raconté par sa mère

« On s'est vite aperçus du handicap de Philippe. Dès son plus jeune âge, tout paraissait normal, mais on voyait bien qu'il n'arrivait pas à bien se repérer dans l'espace, à jouer au ballon, à faire ses lacets. Il n'arrivait pas non plus à se repérer dans le temps et, après quelques tests, on s'est aperçus que c'était la dyslexie.

À l'école, ça n'a pas été simple. Chaque année, les professeurs voulaient le faire redoubler. Moi, je m'y opposais systématiquement, parce qu'il en était capable. De notre côté, on s'est vraiment mis à l'aider, notamment pour les devoirs le soir. Mais il avait vraiment beaucoup de mal à assimiler. C'est d'ailleurs mon mari qui s'en chargeait car moi, j'avais moins de patience que lui. C'était parfois dur de voir qu'il ne comprenait pas et je ne trouvais plus la force ni la manière de bien m'y prendre.

On m'a dit que je le couvais trop. On a donc inscrit Philippe en pension, dans un internat, dans lequel il devait y avoir, soi-disant, un professeur spécialisé pour l'accueil d'enfants dans ce cas-là. En fait, je me suis aperçue que c'était catastrophique. Sur les conseils d'une orthophoniste, nous avons inscrit Philippe dans une autre école mais ça restait toujours difficile. On remarque d'ailleurs que, pour les professeurs, c'est toujours difficile d'avoir un élève dyslexique en classe. On me l'a souvent répété.

Quand Philippe est revenu à la maison, on s'est retroussé les manches et on a décidé de continuer à l'aider. Il a trouvé un camarade qui faisait des photocopies des cours, ce qui nous permettait de relire tout ça le soir. On a ensuite été soutenus pour monter tout le dossier PPS (Projet personnalisé de scolarisation). C'est là qu'il a obtenu l'aide d'un instructeur lecteur et c'est grâce à ça qu'il a obtenu son Brevet. Autrement, il ne l'aurait jamais eu. »

L'orthophonie, ce n'est pas que pour les enfants !

Certains adultes dys connaissent des difficultés persistantes. Les parcours scolaires de ceux qui présentent des troubles importants et qui sont reconnus « handicapés » sont souvent chaotiques, ponctués de ruptures. Ils peuvent avoir été intégrés à l'école ordinaire ou avoir fait l'objet d'orientation en milieu spécialisé selon les cas, mais à la fin du cursus scolaire, leur niveau de qualification est souvent faible. Beaucoup quittent l'école sans aucun diplôme.

La lenteur dans l'exécution de certaines tâches (notamment celles qui nécessitent un recours à l'écrit) est une caractéristique commune à ces jeunes. Des difficultés dans les relations sociales peuvent apparaître du fait du trouble dys : timidité excessive, comportement en décalage, problème d'estime de soi…

On a tendance à penser que l'orthophonie est bonne pour les enfants, mais que, passé un certain âge, les séances n'ont plus trop d'utilité. S'agissant de jeunes présentant des troubles importants du langage et des apprentissages, l'orthophonie peut être un moyen d'accompagnement efficace dans l'approche d'une pratique professionnelle.

Le travail sur le langage oral et écrit peut être poursuivi même quand le jeune est en formation professionnelle. On voit de jeunes adultes faire des progrès sur les notions de base de la lecture et de l'orthographe, alors que les parents finissaient par désespérer !

Si un jeune aborde les questions d'unité de mesure au cours de son apprentissage, il peut avoir des difficultés pour effectuer des conversions (mètres en centimètres…). L'orthophoniste peut trouver les outils appropriés pour aider le jeune à contourner cette difficulté.

« Mon enfant va chez l'orthophoniste depuis des années, il en a marre, il ne veut plus y aller, que faire ? » Pour beaucoup de jeunes, les rendez-vous avec l'orthophoniste font partie intégrante des années de scolarité, à raison de deux ou trois séances par semaine. Les contraintes engendrées par ces rendez-vous, et les transports qui vont avec, finissent par susciter une lassitude bien compréhensible.

Comment convaincre un jeune de la nécessité de poursuivre les séances d'orthophonie quand ceux de son âge vont au club de sport ou passent leur permis de conduire ?

À SAVOIR

Quelques suggestions proposées par une orthophoniste

– Une pause dans la prise en charge n'est pas forcément une catastrophe. On peut suspendre pendant quelques mois les séances d'orthophonie. Ce répit permettra de se consacrer à une activité périscolaire, et d'envisager d'inscrire un loisir, enfin possible, dans un emploi du temps plus allégé. La reprise de la rééducation peut se faire parallèlement à la mise en place d'un projet de formation professionnelle. Suspendre une rééducation, c'est permettre au patient d'intégrer ses acquis, de transposer dans sa propre expérience ce qu'il a travaillé dans le cadre de son projet rééducatif orthophonique.

– Changer d'orthophoniste peut aussi permettre de démarrer un nouveau projet et de travailler en priorité ce qui concerne l'apprentissage d'un métier. Ce peut être l'occasion de trouver un professionnel qui a l'habitude de travailler avec des adultes. La relation nouvelle qui pourra s'établir sera alors sans doute plus valorisante pour le jeune qui a mûri et qui souhaite investir un autre lieu rééducatif, auprès d'une personne qui ne l'a pas connu petit.

Témoignage

Laure, orthophoniste

« Je travaille avec Vincent depuis qu'il a quatre ans. Un an plus tard, une suspicion de dysphasie est posée. Le diagnostic s'est vite confirmé par des investigations en neuro-psychologie, grâce aux bilans orthophoniques, psychologiques et neuro-pédiatriques. Il y a deux ans, Vincent a passé un BEP en électrotechnique. Ce métier est difficile. Parce qu'il faut, entre autres, apprendre du vocabulaire technique. Mais le plus compliqué pour lui, c'était de comprendre les schémas et surtout tout ce qui concerne les unités de mesure : Volt, milli-Volt, milli-Ampère, Ohm...

Quand Vincent avait une difficulté, il venait avec ses cours et on regardait ensemble ce qui posait problème. J'ai dû me mettre aussi un peu à l'électrotechnique. Je n'ai pas tout compris et Vincent m'a vite dépassée. De toutes façons, je n'avais pas très envie non plus d'apprendre l'électrotechnique ! Mais je l'ai aidé dans l'organisation de son travail. On a imaginé par exemple qu'il utilise un dictaphone pour pouvoir retravailler les cours le soir. Les enseignants ont bien compris ce que recouvrait la dysphasie chez Vincent. Ils ont permis la réalisation de polycopies (la maman a passé des heures d'accompagnement et de relecture auprès de son fils...), et de contrôles par QCM (questions à choix multiples) ou “phrases à trous”... J'ai aussi monté les dossiers chaque année avec ses parents et le médecin neuro-pédiatre pour que

Témoignage (suite)

Vincent puisse bénéficier d'aménagement aux examens : tiers-temps pédagogique et présence d'une secrétaire lors des examens. Vincent a obtenu le Brevet des collèges en passant les mêmes épreuves que les autres élèves, grâce à ces aménagements.

Jamais je n'aurais imaginé pouvoir le suivre aussi longtemps ! Aujourd'hui, nous préparons le Bac Pro. Ensemble ! »

Pour en savoir plus

- **Le site Internet de la Fédération Nationale des Orthophonistes :** www.orthophonistes.fr

☛ **Voir aussi :**
– Les SESSAD → p. 81

4. Les Unités Localisées pour l'Inclusion Scolaire (ULIS)

Les Unités Localisées pour l'Inclusion Scolaire (ULIS) remplacent les anciennes unités pédagogiques d'intégration (UPI). Elles sont communes à l'ensemble des établissements du second degré (collèges et lycées) et accueillent des élèves qui ont des besoins éducatifs particuliers liés à une situation de handicap. Les élèves sont accueillis dans des établissements ordinaires et sont, à ce titre, des collégiens ou lycéens à part entière.

Les ULIS dans les établissements ordinaires

Ce sont des dispositifs internes aux établissements, dont les élèves suivent le plus possible les cours ordinaires. Il s'agit de faciliter la scolarisation en milieu ordinaire. Elles visent essentiellement à préparer une transition et à éviter une interruption prématurée de la scolarité de l'élève. Les emplois du temps s'inscrivent dans les horaires réglementaires du collège ou du lycée.

Pour qui ?

Les ULIS ont été créées pour organiser la scolarité adaptée des élèves qui ne peuvent, dans l'immédiat, être accueillis dans une classe ordinaire mais pour lesquels l'admission dans un établissement spécialisé ne s'impose pas forcément (difficultés importantes de concentration, de mémorisation, TED, Trouble Autistique, Dys). Une ULIS peut accueillir :
- des élèves sortant de CLIS (école élémentaire) ou de SEGPA (collège), ou d'un établissement médico-éducatif (IME) pour lesquels la MDPH a validé la poursuite d'une scolarité en établissement ordinaire ;
- des élèves ayant pu bénéficier pendant un certain temps d'une **scolarisation** individuelle continue **en classe ordinaire avec un PPS**, mais pour lesquels une **scolarisation adaptée** s'avère nécessaire.

Un dispositif collectif adapté ?

Les ULIS permettent la mise en œuvre du projet personnalisé de scolarisation (PPS) et préparent les élèves à construire leur projet de formation professionnelle.

À SAVOIR

La disparité des ULIS

Les enseignants en poste ne sont pas toujours spécialisés. Il en résulte une grande disparité dans la qualité de la prise en charge éducative au sein des ULIS, en fonction de la spécialisation de l'enseignant, de son ancienneté dans le poste, et aussi de la bonne volonté des autres enseignants de l'établissement qui remplacent parfois ou intègrent les élèves de l'ULIS à certains cours ou activités proposés aux classes ordinaires.

Attention : les ULIS ne sont présentes qu'au sein de quelques rares lycées professionnels

Il faut regretter que les établissements soient souvent démunis en personnels qualifiés pour orienter les jeunes après l'ULIS et que jeunes et parents doivent entreprendre eux-mêmes les démarches. La recherche d'une solution à la sortie de l'ULIS reste un obstacle non négligeable.

C'est une organisation pédagogique adaptée à un suivi particulier : l'effectif du groupe dépasse rarement les **10 élèves** (12 au maximum).

Ces dispositifs ont l'avantage de favoriser les activités de groupe et d'offrir du temps pour le suivi du parcours personnalisé **de chaque élève**. L'enseignant qui en a la responsabilité travaille sur les liens de solidarité entre élèves d'une même classe d'âge, grâce aux diverses formes de coopération, tant dans les activités d'enseignement que dans les autres temps de vie scolaire.

Témoignages

Deborah, maman du jeune Maxime, 16 ans.

« J'ai un fils qui est dysphasique et dyspraxique qui a eu 16 ans l'année dernière. Je précise qu'on l'emmène toujours chez l'orthophoniste, en libéral, et qu'il n'a bien parlé que vers l'âge de 13 ans. Il est en seconde ULIS, en Moselle. Il a suivi un parcours CLIS et cela s'est bien passé, car à l'époque il avait été reconnu handicapé à 80 % et les démarches ont vite avancé. Désormais, cette filière ULIS lui correspond bien. »

Jacqueline, maman de Bryan, 17 ans « dyslexique » et « dysphasique »

« [...] mon fils a fini le collège en ULIS. Il est maintenant au lycée, en seconde ULIS pour faire un CAP sur trois ans. Apparemment, les enseignants sont tous titulaires du CAPA-SH (Certificat d'aptitude professionnelle pour les aides spécialisées, les enseignements adaptés et la scolarisation des élèves en situation de handicap). Ils bénéficient de cours en petit groupe, c'est bien pour les ateliers qu'ils font car ils ne sont que 10 élèves par classe, sans compter les AVS dont bénéficient quelques uns. Bryan doit faire un stage cette année. J'ai l'impression que les professeurs essayent vraiment de voir quelles seront leurs capacités et leurs goûts pour plus tard. L'année prochaine, en classe de première, ils devront choisir et préparer le CAP. Le CAP c'est la première grande étape vers l'emploi. »

Christine, maman de Rémy et Pierre

« J'ai deux fils différents, dont un en ULIS et l'autre en 6e SEGPA mais j'ai choisi les filières "normales" du collège et du lycée pour qu'ils s'en sortent. Si cela ne va pas, pourquoi ne changez-vous pas de collège ? C'est en tous cas ce que moi je conseille aux autres parents. Battez-vous avant de déscolariser votre enfant qui a besoin d'avoir des copains à cet âge, car dès la 4e SEGPA, il y a des ateliers et des stages en entreprises. Mon fils qui est en ULIS a été un bon élève dans cette filière et a obtenu de très bons stages en entreprises. »

Orientation en ULIS : vers qui se tourner ?

Soit l'orientation est proposée par l'établissement, soit une demande peut être adressée à la MDPH. L'orientation en ULIS ne relève pas de la commission départementale d'orientation vers les enseignements adaptés du second degré (CDOEA) mais bien de la MDPH.

Mais les textes évoluent vite, renseignez-vous auprès de votre établissement, de votre « enseignant référent » ou de la MDPH.

Pour en savoir plus

- **Retrouvez la liste par département des ULIS spécialisées prenant en compte les troubles du langage sur le site Internet *Intégration scolaire et partenariat.***
  http://scolaritepartenariat.chez-alice.fr, Mail : **scol.partenariat@aliceadsl.fr**
  ou sur le site de l'association Avenir Dysphasie,
  www.dysphasie.org
- **Par téléphone, contactez également :**
  Aide Handicap École : 0 810 55 55 00
  Associations de la FFDys (voir le site ffdys.fr rubrique « FFDys près de chez moi »)
  Allo Dysphasie : 0800 746 507
- **Les coordonnées des établissements sont également disponibles sur le site Internet de votre académie de l'Éducation nationale, et dans les répertoires de l'enseignement privé.**
  Retrouvez encore plus d'information sur le site Internet de l'Institut National Supérieur de Formation et de Recherche pour l'Éducation des Jeunes Handicapés et les Enseignements Adaptés (INS HEA) dans une rubrique consacrée aux ULIS sur **http://ulis.inshea.fr**

☛ **Voir aussi**
- Les SEGPA → p. 73
- Les lycées professionnels → p. 78
- Les EREA → p. 76
- L'enseignement privé → p. 92
- Aménagements et organisations des examens → p. 53
- Diplômes et examens → p. 60

5. Les Sections d'Enseignement Général et Professionnel Adapté (SEGPA)

La SEGPA permet l'accès à une formation professionnelle qualifiante et diplômante de niveau V.

De quoi s'agit-il ?

Les SEGPA sont des classes situées dans des collèges ordinaires, qui proposent des enseignements généraux, technologiques et préparant à la voie professionnelle. Elles intègrent des jeunes de 12 à 16 ans, de la 6e à la 3e SEGPA. En 4e et 3e, les jeunes abordent des champs professionnels en vue d'une formation qualifiante ou en apprentissage.

Les directives officielles soulignent que « les SEGPA accueillent des élèves présentant des difficultés scolaires graves et persistantes auxquelles n'ont pu remédier les actions de soutien et l'allongement des cycles dont ils ont pu bénéficier ».

Les spécificités

Les SEGPA sont destinées à accueillir des jeunes en grande difficulté scolaire et qui ne maîtrisent pas toutes les connaissances et compétences attendues à la fin de l'école primaire. Comme les EREA, elles accueillent un public souvent hétérogène mais contrairement aux ULIS, les SEGPA ne sont pas des structures spécifiques, dédiées au handicap. Elles prennent en compte les difficultés des élèves liées à l'acquisition des compétences mais ne sont pas censées être des structures spécialisées. Pour autant, dans les faits, beaucoup d'élèves présentent des difficultés sur le plan intellectuel. Ils bénéficient d'un enseignement adapté dispensé par des enseignants spécialisés du 1er degré, des professeurs de collège et de lycée professionnel.

Qui décide de l'orientation vers une SEGPA ?

L'orientation-affectation d'élèves en SEGPA relève de la commission départementale d'orientation en EGPA (CDOEGPA) présidée par l'inspecteur d'académie. Cette commission examine les dossiers des élèves pour lesquels une proposition d'orientation vers des enseignements adaptés a été transmise. Cette demande peut être formulée par l'établissement scolaire ou par l'un des représentants légaux de l'enfant.

La commission émet un avis sur ces propositions et ces demandes qui proviennent surtout d'élèves en grande difficulté à la fin de la scolarité élémentaire.

L'avis de la commission est transmis aux parents ou au représentant légal pour accord. L'entrée en SEGPA est en effet subordonnée à l'accord de la famille. Les parents font savoir s'ils acceptent ou s'ils refusent la proposition, dans un délai de quinze jours à compter de la date d'envoi de l'avis. En l'absence de réponse dans ce délai, leur accord est réputé acquis. Des enfants handicapés peuvent être accueillis en SEGPA, dans la mesure où la CDAPH (de la maison départementale des personnes handicapées) a validé un PPS de suivi de scolarité en milieu ordinaire (le collège) et que la CDOEGPA et la famille sont d'accord pour l'orientation SEGPA.

Que faire après la SEGPA ?

Cette question fait l'objet dans chaque académie de la publication d'un guide régional de l'Onisep qui répond localement à la question de l'accès à une formation conduisant à une qualification et ouvrant l'accès à l'emploi.

Deux grandes filières s'offrent aux jeunes sortant de SEGPA : les lycées professionnels et les Centres de Formation des Apprentis (CFA). La différence majeure réside dans le statut du jeune : dans le premier cas, il est élève, dans le second, il est salarié.

Rappelons qu'en fin de SEGPA, les jeunes peuvent présenter le Certificat de Formation Générale (CFG) qui est un premier niveau de certification.

Au cours de la classe de 3e SEGPA, chaque élève doit préparer activement son projet de formation. La problématique des élèves des SEGPA est qu'ils ont été « protégés » par l'encadrement renforcé et qu'ils vont ensuite se retrouver dans des formations accueillant des élèves ayant suivi la scolarité ordinaire dans des classes à effectifs plus imposants. Il faut donc aplanir les difficultés d'adaptation prévisibles, grâce à un travail de coopération des SEGPA avec les lycées professionnels.

Le devenir des élèves de SEGPA et d'EREA à l'issue de la classe de 3e donne lieu à une enquête nationale annuelle. À partir des bilans de chaque département, la DGESCO réalise une synthèse des résultats qu'elle diffuse dans les académies.

À SAVOIR

Informations complémentaires

Une même SEGPA peut accueillir des élèves de plusieurs secteurs de collèges. De même une SEGPA n'offre pas tous les champs professionnels. On peut s'informer dans les services académiques sur l'implantation des SEGPA et les champs professionnels de chacune.

Dans les procédures d'affectation post-3e, les élèves sortant de SEGPA bénéficient de « bonus » pour accéder à des formations correspondant aux champs professionnels qu'ils ont suivis. Cela équivaut à leur avoir réservé des places.

Les élèves de SEGPA sont des collégiens à part entière. Pour améliorer leur encadrement, le Principal, chef d'établissement, est assisté d'un Directeur-Adjoint chargé de SEGPA. L'équipe de SEGPA travaille en étroite coordination avec les lycées professionnels pour aider les élèves dans leurs projets de formation professionnelle et faciliter leur accès au lycée professionnel, notamment par des mini-stages en 3e voire 4e.

Les CIO disposent de toutes les informations sur les SEGPA environnantes et les établissements de formation professionnelle accessibles après une SEGPA.

Les fédérations de parents d'élèves peuvent aussi vous apporter des informations sur le fonctionnement de la SEGPA, par exemple, en contactant leurs représentants à la MDPH de votre domicile.

Pour en savoir plus

- **Le texte officiel qui définit le fonctionnement des SEGPA est paru au Bulletin Officiel de l'Éducation nationale.**
  Contacter Handicap École : 0 810 55 55 00
- **Plus d'information dans la rubrique « Aide Handicap École » du site Internet du ministère de l'Éducation nationale :**
  www.inshea.fr

Voir aussi
- Les ULIS → p. 69
- L'Onisep → p. 39
- Les lycées professionnels → p. 78
- Les EREA → p. 76

6. Les Établissements Régionaux d'Enseignement Adapté (EREA)

Anciennement Écoles nationales de perfectionnement (ENP), les Établissements régionaux d'enseignement adapté (EREA) ont aujourd'hui plus de 50 ans d'existence. Contrairement aux SEGPA, ils ne sont pas rattachés à un collège, les EREA sont des établissements autonomes. En revanche, les procédures d'orientation en SEGPA et en EREA sont identiques.

De quoi s'agit-il ?

Les Établissements Régionaux d'Enseignement Adapté (EREA) sont des établissements d'enseignement dotés d'internats éducatifs qui accueillent des adolescents souffrant de handicaps et ayant besoin d'un encadrement qu'ils ne trouvent pas dans leur environnement social et familial. Ces établissements sont gérés par l'Éducation nationale. Ils assurent un enseignement général, technologique ou professionnel adapté (comme son nom l'indique) selon le type de handicap. Il n'y a que 8 EREA spécialisés en France pour accueillir des élèves handicapés moteurs sensoriels. Les autres accueillent des élèves en grande difficulté scolaire.

Les 80 EREA proposent des formations pré-professionnelles puis professionnelles conduisant au CAP, BAC pro, et BTS parfois. Les formations professionnelles sont majoritairement liées au secteur du bâtiment, avec la maçonnerie, la menuiserie, la métallerie. La mécanique, l'hôtellerie et les formations des secteurs horticulture, agricole, tertiaire, hygiène et entretien des locaux, secrétariat, comptabilité se développent également.

Les EREA relèvent de l'Éducation nationale. Les formations dispensées correspondent suivant l'âge des élèves aux SEGPA des collèges et aux lycées professionnels.

Les spécificités des EREA

La spécificité des EREA réside surtout dans :
- une prise en charge en petits groupes,
- l'accueil en internat éducatif,
- un soutien scolaire et un suivi individualisé avec des enseignements spécialisés,
- la préparation de diplômes professionnels ouvrant sur l'emploi,
- des services adaptés (assistante sociale, orthophoniste, psychologue).

Le projet éducatif

L'insertion sociale et professionnelle s'appuie sur des ateliers de citoyenneté et de formation (y compris de la personnalité des adolescents). L'équipe des EREA peut réorienter dès que possible, vers des établissements ordinaires, des élèves qui ont des chances réelles de réussir leur projet d'orientation et de formation. Cette orientation dépend néanmoins de la CDOEA.

Au terme de l'EREA, trois niveaux de diplômes peuvent être obtenus :
- le certificat de formation générale en fin de 3e,
- le certificat d'aptitude professionnelle à la fin des deux années de CAP,
- le Bac Pro ou le BTS.

À SAVOIR

Informations complémentaires

Les SEGPA et les EREA sont des structures adaptées de l'Éducation nationale destinées à accueillir en priorité des jeunes en grande difficulté scolaire ou des adolescents en situation de handicap. L'orientation-affectation en EREA relève de la CDOEGPA.

Des élèves en situation de handicap peuvent être scolarisés en SEGPA après décision de la CDAPH (MDPH) et de la CDOEGPA ; à cette fin, vous devez contacter l'enseignant référent de l'établissement ou, le cas échéant, de votre secteur qui vous remettra le formulaire de demande et pourra vous aider pour la constitution du dossier.

Pour en savoir plus

- **Annuaire complet des EREA (coordonnées et autres renseignements) dans l'annuaire de l'Éducation nationale sur www.education.gouv.fr**

Voir aussi
- La MDPH → p.34
- Les SEGPA → p. 73

7. Les lycées professionnels

À la fin de la scolarité de collège, les élèves qui choisissent la voie professionnelle entrent en lycée professionnel s'ils poursuivent dans le milieu ordinaire ou optent pour l'apprentissage (contrat de travail et formation en CFA). Les lycées professionnels proposent des formations de niveau V (certificat d'aptitude professionnelle-CAP) mais préparent surtout au baccalauréat professionnel (niveau IV). Dans le cadre des « lycées des métiers »[3], des sections de techniciens supérieurs ont été implantées en lycée professionnel.

Les spécificités du lycée professionnel

Les élèves préparent un projet professionnel et sont intégrés dans des filières professionnelles. Ils suivent à la fois des cours théoriques et des enseignements pratiques (avec les stages en entreprises). Pour les élèves venus de SEGPA, les apprentissages peuvent être repris plusieurs fois par semaine, au cas par cas, avec un enseignant spécialisé ou un AVS au retour de l'intégration en classe et en entreprises, lorsqu'il y a des stages.

3. Label qualifiant certains établissements offrant une palette étendue et cohérente de formations technologiques et professionnelles.

L'orientation en lycée professionnel (situation générale)

Le conseil de classe en fin de 3e est souvent le lieu de décision d'une orientation en lycée professionnel. Pour beaucoup de jeunes présentant des troubles du langage et des apprentissages (Dys), cette orientation devra faire l'objet d'aménagements.

L'inclusion d'un élève handicapé au lycée

Cette inclusion peut suivre trois modalités :
- scolarisation individuelle avec aide spécifique au sein du lycée et aménagement des épreuves d'évaluation puis de certification terminale,
- scolarisation individuelle avec aide d'une structure de type SESSAD pour le suivi du jeune,
- scolarisation collective de plusieurs jeunes en difficulté au sein d'une ULIS ou d'une classe spécialisée.

Scolarisés en lycée, oui, mais... Le maintien et la présence d'un jeune en situation de handicap dans un lycée n'a de sens que si elle lui permet d'obtenir un diplôme reconnu sur le marché du travail.

Scolarisé sans aide spécifique

Les élèves préparent un certificat d'aptitude professionnelle (CAP) en deux ans ou un baccalauréat professionnel en trois ans. La scolarisation individuelle d'un jeune en lycée professionnel n'est possible que s'il a les compétences requises pour suivre le cursus avec les autres élèves. Beaucoup de jeunes avec un handicap très léger ne souhaitent pas toujours être reconnus différents et « s'accrochent » pour réussir sans aide.

Scolarisé avec l'aide d'un SESSAD pro

Certains jeunes peuvent être scolarisés en lycée professionnel avec le soutien d'un SESSAD (Service d'éducation spécialisé et de soins à domicile → p. 81). Tous les SESSAD ne suivent pas les jeunes jusqu'à l'âge de la formation professionnelle mais ils peuvent venir en complément du cursus scolaire (on parle alors de SESSAD Pro) pour les 16 à 20 ans. Les expériences se multiplient et plusieurs dispositifs de soutien voient le jour, à l'image de Trajectoires Formation porté par l'ADAPEI 92 : un nouveau service d'accompagnement pour adolescents en milieu ordinaire centré sur la formation professionnelle, l'emploi et l'insertion sociale (www.sais92.fr).

Inclusion collective

Pour les élèves qui n'auraient pas le niveau ou les capacités requises pour être scolarisés individuellement, les ULIS Pro (Unités localisées pour l'inclusion scolaire) proposent un accompagnement collectif au sein même du lycée.

À SAVOIR

Informations complémentaires

– Les jeunes qui préparent un diplôme professionnel dans un lycée ont le statut d'élève, alors que ceux qui suivent une formation en Centre de Formation des Apprentis (CFA) sont des salariés.
– L'AVS est attaché à l'élève dans le cadre de son PPS. C'est la CDAPH de la MDPH qui fixe la quotité d'heures d'AVS dont bénéficiera l'élève. L'élève peut également bénéficier, s'il en fait la demande suffisamment tôt, d'aménagements pour les examens. (→ « Aménagement des examens », p. 53).
– Certains lycées réservent des places pour les jeunes issus des classes de SEGPA, avec une adaptation sur mesure en lycée professionnel. Un jeune sortant d'Unité localisée pour l'inclusion scolaire (ULIS) peut demander à bénéficier de ces places. Il est possible de se renseigner auprès du CIO. Il est important d'anticiper ce type d'orientation : se renseigner dès le début du deuxième trimestre scolaire n'est pas prématuré.

Les établissements d'enseignement agricole offrent une palette très large de formations techniques ou professionnelles liées aux métiers de l'agriculture *stricto sensu*, mais aussi aux services en milieu rural à tous les niveaux de qualification et aussi bien par la voie scolaire que par l'apprentissage.

Voir aussi

- Les établissements d'enseignement agricole → p. 94
- Les SESSAD → p. 81
- L'enseignement privé → p. 92
- Les ULIS → p. 69
- L'Onisep → p. 39

8. Les SESSAD

Les Services d'éducation spécialisée et de soins à domicile (SESSAD) peuvent accompagner les élèves des formations professionnelles.

De quoi s'agit-il ?

Ces services médico-sociaux sont souvent connus des parents pour le travail qu'ils font autour de la scolarité des jeunes enfants. Rappelons qu'un SESSAD est un service constitué d'équipes pluridisciplinaires qui interviennent sur le lieu de vie de l'enfant en situation de handicap (établissement scolaire, domicile...), pour aider à sa scolarisation et lui apporter les soins.

Ce qu'on ne sait pas toujours, c'est qu'il existe des SESSAD qui suivent les jeunes jusqu'à l'âge de 20 ans (SESSAD Pro de 16 à 20 ans) et qui sont en mesure de les accompagner dans les filières de la formation professionnelle et même jusqu'à l'insertion dans le monde du travail. Les SESSAD sont spécialisés par type de handicap et connaissent bien les difficultés propres aux différentes situations. Ils peuvent donc être d'une aide précieuse pour trouver des solutions dans l'adaptation d'une formation ou d'un poste de travail pour un jeune présentant des troubles du langage ou des apprentissages.

Différents types de SESSAD

Les SESSAD sont souvent rattachés à un établissement spécialisé (à un IME la plupart du temps). Selon leurs spécialités, ils portent des noms différents :
- les SAFEP (pour des enfants déficients auditifs de moins de 3 ans),
- les SSEFIS (déficients auditifs après 3 ans),
- les SAAAIS (déficients visuels),
- les SSAD (polyhandicapés), qui constituent les principaux types de SESSAD.

Il existe des SESSAD spécialisés dans les troubles du langage :
- le SESSAD « dysphasie-dyslexie » de l'Institut de Réhabilitation de la Parole et de l'Audition (IRPA), implanté sur les secteurs de Lille, Douai, Valenciennes, Maubeuge, Dunkerque,
- le SESSAD « troubles spécifiques du langage » à l'école du Chiostru à Bastia (Corse),
- le SESSAD de Valence dans la Drôme,
- le SESSAD DELTA 16, en Charente, spécialisé dans l'évaluation et le suivi des enfants dys (avec le Dr Alain Pouhet).

Sans pour autant être spécialisés, certains SESSAD peuvent aussi avoir une bonne expérience dans le domaine des troubles du langage et des apprentissages.

Témoignage

Responsable de l'Institut André Beule à Nogent-le-Rotrou (Eure-et-Loir)

« Ici, on suit des enfants dysphasiques depuis 1994, c'est dire que l'Institut a de l'expérience en matière de troubles du langage. Mais la nouveauté c'est que depuis quelques années, la Section de Première Formation Professionnelle (SPFP) accompagne les jeunes jusque dans leur formation professionnelle. Les premiers concernés, actuellement dans ces filières, semblent bien profiter du soutien qui leur est apporté. »

Le cas de Nicolas, intégré en lycée agricole grâce à un service d'accompagnement

« À la sortie de la classe de 5e, le conseil de classe estime que Nicolas (alors suivi par le SSEFIS) ne pourra plus continuer un cursus général et qu'il devrait être orienté vers un IMPro. Les parents ne sont pas de cet avis et obtiennent le maintien en filière ordinaire. Nicolas entre donc en 4e avec le soutien de l'Institut. Il est aidé pour la prise de notes par un AVS dans certaines matières. Un système de photocopies des cours lui permet de suivre à son rythme et il bénéficie d'un soutien scolaire sur place et à l'Institut.

Grâce à sa détermination et au soutien apporté, Nicolas parvient à obtenir le diplôme national du Brevet (DNB) à la fin de la 3e.

Nicolas rejoint ensuite les filières de la formation professionnelle agricole et prépare un BEPA (Brevet d'Études Professionnelles Agricoles) de "Services aux personnes" dans le lycée agricole de la ville. L'Institut fait le lien avec l'établissement, organise et met en place les aménagements nécessaires. En deux ans, Nicolas obtient son brevet à la suite du contrôle continu. Aujourd'hui, Nicolas prépare le passage du concours d'aide-soignant pour entrer dans la fonction publique hospitalière. »

Pour en savoir plus

Pour connaître les adresses des classes d'ULIS et des SESSAD :

- **Avenir Dysphasie**
  www.avenir-dysphasie.asso.fr
  Tel : 01 34 51 28 26
- **Aide Handicap École**
  Tel : 0 810 55 55 00

Pour connaître les filières en lycée professionnel :

- **Se renseigner auprès des CIO et consulter les Guides de l'Onisep :**
  www.onisep.fr

9. Les Centres de Formation des Apprentis (CFA)

Les centres de formation des apprentis (CFA) dispensent des formations couplées à l'activité salariée de l'apprenti dans l'entreprise. Ils ne dépendent pas de l'Éducation nationale et les apprentis ne sont pas des élèves mais bien des salariés. Pour pouvoir s'inscrire dans un CFA, il faut d'abord intégrer une entreprise qui est prête à signer un Contrat d'apprentissage[4].

Qu'apprend-on dans un CFA ?

Les CFA forment à toutes sortes de métiers, à des niveaux de qualification très variables : du niveau V (CAP, BEP) jusqu'à la formation d'ingénieur. Les CFA sont le plus souvent spécialisés dans un secteur d'activité (exemple :

4. Si les contrats en alternance se multiplient, ils sont encore trop peu utilisés par les employeurs pour les travailleurs handicapés. Entre 2005 et 2010, le nombre des contrats en alternance dans le secteur privé (contrat d'apprentissage et contrats de professionnalisation) a cependant doublé pour s'établir à 5524. Plus de la moitié des contrats en alternance prennent la forme d'un contrat de professionnalisation.

bâtiment, mécanique...) et proposent plusieurs formations dans ce secteur (exemple : plâtrier, maçon, carreleur, carrossier, peintre automobile...). L'apprentissage se fait sous la responsabilité d'un maître d'apprentissage.

Comment connaître la liste des CFA de sa région ?

Les conseils régionaux publient des catalogues de CFA dans chaque région. On peut se les procurer en appelant le siège du conseil régional ou les consulter dans les CIO (ils figurent dans la brochure Onisep « Après la 3e »). Le site Internet www.etudinfo.com recense dans son annuaire 643 CFA sur toute la France. La **liste des CFA** par régions est également consultable sur le site Internet de www.education.gouv.fr

La suppression, en 2008, de la limite d'âge de 30 ans pour l'accès des personnes handicapées à l'apprentissage devrait avoir un effet positif, toutefois encore non mesurable.

Comment s'inscrit-on dans un CFA ?

En théorie, il faut d'abord trouver l'entreprise : c'est elle qui inscrira l'apprenti au CFA et qui signera le contrat d'apprentissage. Mais, dans la pratique, il vaut mieux se pré-inscrire dans le CFA qui correspond le mieux au choix du jeune, qui propose la meilleure prise en compte de ses difficultés spécifiques. L'enseignement au CFA démarre en général comme l'année scolaire (septembre/octobre). Il vaut mieux donc rechercher CFA et employeur dès le début du printemps précédent (surtout si on veut trouver un CFA qui ne soit pas trop loin de son domicile ni de l'employeur. Attention si les temps de transport des apprentis sont trop longs).
Une fois ce CFA trouvé, on peut se « pré-inscrire », la place est alors retenue. Ceci n'est pas toujours nécessaire, mais, dans certaines filières, les demandes sont trop nombreuses par rapport à l'offre. Au moment de cette pré-inscription, il est possible de savoir si le CFA dispose d'une liste d'entreprises potentielles.

CFA et handicap

Il existe dans certaines régions des CFA spécialisés pour l'accueil et l'accompagnement des apprentis handicapés (→ CFAS p. 87). Malheureusement, ce n'est pas le cas partout.

Témoignage

La mère de Sébastien, 18 ans

« Après son année en SEGPA, Sébastien a intégré le CFA, au mois de septembre et on a trouvé un patron qui l'a pris en apprentissage. On n'a pas parlé de son handicap, parce qu'on avait peur qu'il ne veuille plus de lui.

Il embauchait très tôt le matin et devait se lever à cinq heures pour aller travailler. C'était dur, mais comme il finissait vers quatorze heures, Sébastien ne s'est jamais plaint. Les problèmes ont commencé quand l'employeur a pris conscience de ses difficultés. En fait, il était trop lent pour faire ce travail. Le patron avait du mal à accepter cette lenteur. Il était trop exigeant avec lui. Vers la mi-décembre, ça a commencé à se gâter sérieusement. À la période de Noël, on travaille énormément chez les pâtissiers. Sébastien se levait toujours à cinq heures, mais il ne revenait maintenant qu'après vingt heures le soir. Je me disais : c'est bien pour lui, c'est l'après-midi que se réalisent les pièces les plus compliquées, c'est formateur. En fait Sébastien ne faisait que les tâches subalternes, le nettoyage, le rangement... Il n'apprenait rien. Au bout de plusieurs mois, il n'avait toujours pas signé son contrat d'apprentissage, il n'avait pas passé non plus la visite médicale obligatoire : ça nous a paru bizarre. Il ne voulait plus y aller, on était obligé d'insister tous les matins pour qu'il y retourne. Le patron nous disait : “s'il veut rester chez lui, il peut, il reviendra quand il voudra”. On a commencé à se demander si Sébastien avait vraiment sa place chez ce patron et puis un jour, on a reçu un courrier de la Direction Départementale du Travail qui nous informait que cet employeur n'était pas en règle avec les cotisations sociales. On a compris qu'on avait affaire à un mauvais patron.

On était au mois de mars, impossible de retrouver une entreprise en cours d'année. Tout s'est arrêté : l'apprentissage et la formation au CFA. Il a fallu reprendre les démarches. Comme on pensait alors à la menuiserie, nous avons rencontré le responsable d'un CFA du bâtiment. Il nous a expliqué que les métiers des métaux avaient beaucoup de mal à recruter des apprentis, Sébastien s'est alors orienté vers la ferronnerie et effectivement, on n'a eu aucune difficulté à trouver un patron qui cherchait à embaucher un apprenti. Finalement, ce métier que je croyais être un métier dur l'est moins que ceux de la cuisine, on n'est pas dans le stress de la production rapide. La relation est très bonne entre notre fils et son nouveau patron : il est à la fois son maître d'apprentissage et son compagnon au quotidien. Le responsable du CFA qui nous avait bien conseillés continue de suivre Sébastien et tout se passe bien. »

Dans la plupart des CFA, il existe un ou plusieurs “référents handicap” ayant pour mission de faciliter l’accueil des jeunes présentant des difficultés reconnues par la MDPH. Ce référent pourra les aider au choix du diplôme et de l’employeur, en fonction des difficultés du futur apprenti et des perspectives d’emploi. Les référents handicap des CFA ont pour mission de faciliter l’intégration des apprentis handicapés dans leur école mais aussi dans leur entreprise. Le référent handicap pourra également informer l’employeur des dispositions en faveur de l’emploi des travailleurs handicapés et des avantages auxquels il peut avoir droit. L’apprenti bénéficiera de mesures d’adaptation et d’aménagements particuliers. Une aide financière pourra lui être accordée par l’Agefiph.

INFOS

Atttention !

Les référents ne sont pas toujours bien renseignés sur les troubles spécifiques du langage et des apprentissages et sur les difficultés qui en résultent : il faudra peut-être informer son référent sur les difficultés spécifiques.

Pour connaître le nom des référents handicap dans les CFA de sa région, il faut directement s’adresser aux CFA.

Le dispositif d’initiation aux métiers en alternance (DIMA)

Anciennement appelé CPA (Classes Préparatoires à l’Apprentissage), ce dispositif concerne les élèves de 15 ans ayant un projet d’entrée en apprentissage. Au collège, dans le cadre du parcours de découverte des métiers et des formations, et notamment en classes de 4e ou de 3e au cours desquelles l’accent est mis sur la découverte des voies de formation, une présentation générale des dispositifs de formation alternée doit être donnée aux élèves. Il doit être également proposé aux élèves intéressés et à leur famille une information précise sur le « DIMA », à laquelle les représentants des centres de formation d’apprentis (CFA) peuvent utilement être associés, par exemple, dans le cadre de courtes périodes d’accueil et de découverte.

Se renseigner auprès de votre établissement.

La formation s’adresse à des élèves volontaires ayant atteint l’âge de 15 ans, qui peuvent déjà avoir un projet d’orientation vers la voie professionnelle,

que ce soit sous statut scolaire ou par la voie de l'apprentissage.
La demande d'accès à cette formation doit être effectuée, par l'élève et ses représentants légaux, au chef de l'établissement où est scolarisé l'élève.

Pour en savoir plus

- **Pour retrouver la liste des CFA :**
  www.etudinfo.com
  www.internats.info,
  rubrique « Internats privés : Lycées professionnels et CFA ».

Voir aussi
- Les CFAS → p. 87
- Diplômes et examens → p. 60
- Les Chambres consulaires → p. 149
- Les petites entreprises → p. 154
- Les aides à l'embauche : les contrats aidés → p. 132

10. Les CFA Spécialisés (CFAS)

Témoignage

Sandrine, maman de Sébastien, 19 ans

« Il faut laisser choisir aux enfants la voie qu'ils souhaitent. Il faut les encourager. C'est vraiment comme cela qu'ils s'épanouissent. »

Tous les apprentis en situation de handicap peuvent suivre une formation dans des CFA du milieu ordinaire mais ils peuvent aussi décider d'avoir un soutien spécifique dispensé par des CFAS (centres de formation d'apprentis spécialisés).

Le principe

Les CFAS sont basés sur le principe d'une alternance entre des sessions de formation au Centre et des périodes de formation pratique en entreprise. À l'issue du contrat d'apprentissage, les jeunes bénéficient presque tous d'une solution d'emploi ou d'une formation complémentaire.

Comme dans les CFA ordinaires, l'objectif des CFAS est de proposer aux jeunes de plus de 16 ans des parcours de formation, en milieu ordinaire, au plus près de leur domicile, adaptés à leur situation et leur permettant d'obtenir un diplôme de niveau V (CAP) donnant accès à une insertion professionnelle. L'idée est d'apprendre les gestes du métier en suivant une formation qui privilégie le concret, la pratique et l'exemple.

Les spécificités

Les CFAS sont présents dans plusieurs régions et interviennent souvent au sein de CFA ordinaires classiques. Ce sont, en fait, des structures « relais » qui accompagnent l'insertion du jeune dans l'apprentissage. Selon les régions, le fonctionnement de ces CFAS est variable. Leur implication dans le parcours du jeune peut être différente. Mais partout, les missions des CFAS sont :

- accompagner de l'école à l'entreprise,
- faire le lien entre tous les intervenants,
- trouver la solution adaptée en fonction des situations.

Les CFAS accueillent des jeunes sortant :

- d'Instituts Médico-Éducatifs (IME) et Instituts Médico-Professionnels,
- de SEGPA de l'Éducation nationale,
- ou encore envoyés par les Missions locales.

L'organisation des CFAS varie beaucoup d'un établissement à l'autre mais, en général, les périodes d'alternance représentent une semaine par mois au Centre d'apprentissage et le reste en entreprise.

Les CFAS s'appuient le plus souvent sur les structures médico-sociales d'une part et les Centres de Formation des Apprentis ordinaires d'autre part. En fonction du niveau de difficulté du jeune, en fonction aussi de son âge, le CFAS choisira dans son environnement la solution la plus adaptée à ses difficultés. Ces centres connaissent, par ailleurs, les dispositifs d'aide aux personnes en situation de handicap ce qui leur permet d'agir en amont pour préparer les formations et en aval pour effectuer un réel suivi dans l'entreprise, au-delà même parfois de la période de l'apprentissage.

Pour en savoir plus

- **L'Apprenti, portail national de l'apprentissage et des formations en alternance :**
  www.lapprenti.com
  Accédez au moteur de recherche des organismes de formation spécifiques au handicap sur
  www.handeco.org
  Pour savoir si un CFAS se trouve dans votre région, contactez le Centre régional pour l'enfance et l'adolescence inadaptées (CREAI) qui est en général informé des créations des CFAS :
  http://ancreai.org

☛ **Voir aussi**
- Les CFA → p. 83
- Diplômes et examens → p. 60

11. Le Centre National d'Enseignement à Distance (CNED)

Le CNED est un organisme de cours par correspondance de l'Éducation nationale. Il propose des accompagnements spécialisés pour les enfants et les jeunes en situation de handicap.

Enseignement à distance

Si vous faites le choix de garder votre enfant à domicile, à temps plein, ou à temps partiel, vous devez respecter l'obligation de scolarisation en l'inscrivant au pôle handicap du CNED. Pour les enfants de moins de 16 ans, cette inscription nécessite l'avis favorable de la CDAPH.

Le CNED propose :

- les enseignements scolaires correspondant aux programmes officiels,
- des Cours d'Adaptation à la Vie Sociale et Enseignement Général (CAVSEG) pour adolescents et adultes (exercices intéressants pour certains profils),
- une préparation à un BTS dans un dispositif individualisé (type CFAS) et pour partie à distance (en partenariat donc avec le CNED).

Dans tous les domaines de formation, le CNED met à disposition :

- des textes de leçons et des fiches d'exercices pour l'élève,
- des conseils ou guides de l'accompagnant destinés à la famille et/ou au répétiteur,
- des devoirs avec correction personnalisée : à la fin de chaque série ou module, un devoir dans chaque matière sera adressé par l'élève au Centre. Les devoirs sont évalués (vérification des acquis).

Le rôle du « répétiteur »

Le CNED propose un dispositif spécifique : l'intervention possible, au domicile de l'élève, d'un enseignant répétiteur rémunéré par le CNED. Le répétiteur vient à domicile pour guider l'élève, lui donner la meilleure méthode de travail, l'explication utile pour éclairer un point du programme demeuré obscur, vérifier la solidité de ses acquisitions dans les matières qui exigent un effort de mémoire.

Il aide l'élève à sortir d'un isolement inévitable et lui apporte un soutien moral par sa présence « humaine ». Par ailleurs, il assure la liaison avec le CNED qui compte sur sa collaboration sincère pour connaître l'évolution de l'élève et évaluer les acquisitions réalisées. Il doit aussi signaler les événements importants qui peuvent survenir dans la vie de l'élève : aggravation de son état, hospitalisation.

Conditions administratives pour bénéficier d'un répétiteur

Les répétitions s'adressent à tout élève handicapé ou en grande difficulté relevant de l'Adaptation scolaire et scolarisation des élèves en situation de handicap (ASH), de moins de 20 ans. Le répétiteur doit être un enseignant titulaire, travaillant à temps complet, appartenant à l'Enseignement Public ou Privé sous contrat. Ce peut être aussi un enseignant retraité de moins de 60 ans ou un enseignant bénéficiant d'une disponibilité pour convenances personnelles. L'enseignant est proposé par la famille ou, à défaut, sollicité par l'inspecteur d'académie ou le CNED. Il devra avoir signé un contrat avec le CNED avant de commencer à travailler avec l'enfant. Il est possible de demander au répétiteur 33 heures de travail par trimestre, transport compris : l'enseignant doit travailler au domicile du jeune.

L'avis de la CDAPH ou de l'inspecteur d'académie pour les élèves âgés de 6 à 16 ans est obligatoire. Les inscriptions se font au premier trimestre scolaire.

Pour en savoir plus

- **CNED**
  BP 60200
  86980 Futuroscope Chasseneuil Cedex
  Fax : 05 49 49 96 96
  Tel : 05 49 49 94 94 (appel non surtaxé)
  Horaires d'ouverture du standard :
  Novembre à mai : lundi à vendredi : 8 h 30-18 h
  Juin à octobre : lundi à vendredi : 8 h 30-18 h 30, samedi : 9 h-12 h 30
- **Il existe un institut dans toutes les grandes villes de France métropolitaine (Paris, Grenoble, Lille, Lyon, Poitiers, Rennes, Rouen, Toulouse, Vanves) et outre-mer (Martinique, Guadeloupe, Guyane, Polynésie française, Nouvelle-Calédonie, La Réunion).**

12. L'enseignement privé

L'enseignement privé propose des classes adaptées aux jeunes en situation de handicap. Pour ce qui est de la formation professionnelle, il existe des lycées professionnels qui comportent des classes accueillant des élèves handicapés. Il est impossible de décrire ces structures tant elles diffèrent d'un endroit à l'autre. À un endroit on intègre des jeunes autistes, à un autre des jeunes en moindre difficulté. Ici on prépare un diplôme, là non.

Où trouver des informations ?

Les éditions Fabert proposent des guides régionaux qui recensent tous les établissements d'enseignement privé région par région. Les centres Fabert proposent, eux, des consultations de Conseillers d'Orientation Psychologues qui connaissent plus particulièrement les filières de l'enseignement privé dans leur région. Ils pourront parler de ces classes. Les entretiens peuvent se faire sur place ou à distance : téléphone ou webcam. Vous pouvez également consulter l'annuaire en ligne pour choisir un établissement d'enseignement privé en fonction de vos critères (villes, formations, etc.).

Les centres Fabert (CNDEP – Centre national de documentation sur l'enseignement privé) commercialisent des guides régionaux et un guide complet intitulé *Étudier en internat*. Ils proposent également des consultations pédagogiques, des bilans psychopédagogiques, des ateliers et des consultations à l'international.

Pour en savoir plus

- **Concernant l'enseignement privé catholique : on peut s'adresser aux Directions diocésaines de l'Enseignement catholique (DDEC) pour connaître les établissements privés catholiques de chaque département. Dans la plupart des DDEC, il existe une personne particulièrement compétente sur les questions de handicap.**

- **Les coordonnées des DDEC sont sur le site Internet:**
  www.scolanet.org.
  On peut aussi trouver des informations auprès de l'Association des Parents de l'Enseignement Libre (Apel):
  www.apel.asso.fr.
  Tel: 01 53 73 73 90.
  On pourra aussi trouver de l'information à l'office de documentation et d'information de l'enseignement privé (ODIEP) qui offre trois services: entretien-conseil pour les parents à la recherche d'un établissement privé, bilan d'orientation pour les jeunes et documentation sur les établissements.
  www.odiep.com
  L'ODIEP a des représentations à Paris (26 rue du Commandant René Mouchotte, 75014 Paris, tél: 01 43 35 23 07), Nice, Lyon, Bordeaux et Nantes.

- **Centres FABERT**
  20 rue Fabert, 75007 Paris
  Tél.: 01 47 05 32 68
  Mail: centre@fabert.com

  55 rue du Grand Faubourg, 28000 Chartres
  Tél.: 02 37 30 20 75
  Mail: chartres@fabert.com

  15 rue des Capucins, 69001 Lyon
  Tél.: 04 37 28 96 17
  Mail: lyon@fabert.com

- **Le centre d'information et de documentation sur l'enseignement privé (CIDE)**
  Le CIDE propose sur son site Internet un annuaire des internats scolaires privés à la semaine ou permanents. Il met à la disposition des familles un espace documentation qui dispose de brochures sur plus de 400 établissements d'enseignement privé. Il publie chaque année un *«guide pratique des internats»*. Le CIDE propose également des entretiens-conseils pour aider les familles dans le choix d'un établissement privé, ainsi que des diagnostics-orientation pour définir une stratégie d'études.

  Centre d'Information et de Documentation sur l'Enseignement privé (CIDE)
  84 boulevard Saint-Michel
  75006 Paris
  www.cide.fr, www.enseignement-prive.org,
  rubrique «annuaire des écoles privées»
  Tel: 0825 800 309
  Mail: cide@enseignement-prive.org

- **La Fédération des établissements scolarisant des enfants dyslexiques (FEED) regroupe 72 établissements scolaires privés :** **www.feedfrance.fr/site_public/accueilpub.html**

☛ **Voir aussi**
- Les ULIS → p. 69
- Les lycées professionnels → p. 78
- Les SEGPA → p. 73
- Les Maisons Familiales Rurales → p. 97

13. Les établissements d'enseignement agricole

L'enseignement agricole qui relève du ministère de l'Agriculture, représente, par le nombre d'élèves, d'apprentis, d'étudiants et de stagiaires en formation continue, la deuxième communauté éducative en France. Il offre une variété de parcours de formation allant de la classe de 4e jusqu'aux diplômes d'ingénieurs, en passant par les CAP, BEP, BAC, BTS et licences professionnelles. Tous ces diplômes peuvent être préparés par voie scolaire, par apprentissage, en formation continue, à distance ou obtenus par la validation des acquis de l'expérience (VAE). Les actions sont mises en œuvre dans les établissements d'enseignement technique et supérieur qui concernent l'ensemble des réseaux de l'enseignement agricole (enseignement public, privé CREAP, Maisons Familiales Rurales).

Témoignage

Le cas de Cédric, 22 ans, en CAP agriculture, raconté par sa mère

« Mon enfant a obtenu son diplôme national du brevet (DNB), il avait une AVS et désormais il fait CAP Vignes et Vins. Dans son école, il est très souvent avec son ordinateur ; d'ailleurs les copains et les personnes qu'il croise lui demandent pourquoi il est toujours avec son ordinateur. Mon fils leur répond qu'il en a besoin pour prendre des notes plus facilement. En fait, même dans ce secteur agricole, ça le rassure beaucoup d'avoir un support qui peut l'aider à tous moments. »

Les directions régionales de l'agriculture

Le principal niveau d'organisation est le service régional de la formation et du développement (SRFD). Chaque SRFD a mis en place un correspondant handicap. Ce dernier a le rôle de soutenir la mise en place de l'aide de la MDPH. Cela se fait dans le cadre d'un projet personnalisé de scolarisation (PPS), document auquel l'équipe éducative et les parents ont pris part, qui cite toutes les exigences matérielles et besoins pédagogiques de l'élève. Il existe par ailleurs un réseau national d'enseignants et de professionnels sur les troubles des apprentissages pour venir en appui aux établissements : échanges de pratiques, constitution de ressources, actions de sensibilisation. Ce réseau est piloté par l'École nationale de formation agronomique de Toulouse (ENFA[5]).

INFOS

Attention !

Dans l'enseignement agricole, les modalités de scolarisation des élèves en situation de handicap ne s'appliquent pas toujours dans les établissements relevant du ministère de l'Agriculture.

La loi du 11 février 2005 (pour l'égalité des droits et des chances, la participation et la citoyenneté des personnes handicapées) s'applique cependant dans les établissements sous tutelle d'une administration publique.

5. Note de service DGER/SDPOFE/N2008-2108 10 septembre 2008 : http://agriculture.gouv.fr/IMG/pdf/DGERN20082108Z.pdf

L'enseignant référent à la scolarisation des élèves handicapés

Une fois l'élève inscrit, l'inspection académique (ministère de l'Éducation nationale) désigne un enseignant spécialisé référent, comme garant du suivi, de la mise en œuvre et de la cohérence du PPS, et ce tout au long du parcours scolaire de l'élève concerné. Il couvre plusieurs établissements dans un bassin géographique. Si un parent ou un enseignant a un problème sur la réalisation du PPS, c'est cet enseignant référent qui doit être saisi.

Les apprentissages

- **Apprentissage du métier** par la réalisation de travaux pratiques souvent en situations réelles selon les filières : mises bas, alimentation et soin des animaux, traite, préparation du sol aux cultures, conduite de travaux, mise en place et suivi des cultures...
- **Apports théoriques et échanges** avec des intervenants experts dans leurs domaines.

Pour en savoir plus

- **Chlorofil, le portail des professionnels de l'agriculture.**
  Pour connaître les missions du système éducatif agricole et son organisation et avoir une vue d'ensemble des établissements :
  www.chlorofil.fr
  Voir aussi les chambres d'agriculture
  www.chambres-agriculture.fr

☛ **Voir aussi**

– Les Maison Familiales Rurales → p. 97

14. Les Maisons Familiales Rurales

De quoi s'agit-il ?

Présentes dans toute la France, les Maisons Familiales Rurales sont des établissements associatifs sous contrat avec le ministère de l'Agriculture. Elles forment chaque année plus de 65000 jeunes, principalement de la 4e au BTS. Leur pédagogie est basée sur l'alternance avec des semaines de formation en entreprise et des semaines de formation en internat, au sein de la Maison Familiale Rurale. Les MFR ont noué des partenariats et tissé des liens avec des professionnels et des associations. Plusieurs d'entre elles leur sont fidèles : l'École des gardes à cheval, les Compagnons du Devoir, etc.

Pour qui ?

Dès la fin de la classe de 5e, les établissements qui dépendent des Maisons Familiales Rurales accueillent des jeunes et des adultes (30 % de jeunes ont plus de 18 ans) en formation par alternance. Les apprentis travaillent sous statut scolaire, par apprentissage, en contrat de professionnalisation ou en formation continue. On peut y accéder après les classes de 5e, de 4e, de 3e, de 2de ou après le Bac. Les inscriptions se font sur dossier entre les mois de janvier et septembre.

Vers quel métier ?

Le réseau des MFR s'adresse aux jeunes qui empruntent des parcours de formations menant aux diplômes suivants : CAP, BEP, seconde (professionnelle, générale ou technologique), Bac (pro ou technologique), BTS, Licence pro, etc. Ces formations mènent le plus souvent vers les secteurs suivants : agriculture, élevage, métiers du cheval, viticulture, arboriculture, horticulture, jardins-espaces verts, aménagement de l'espace, environnement, forêt, agroalimentaire, agroéquipement, mécanique, bâtiment, bois, électricité, restauration, hôtellerie, tourisme, accueil, service à la personne, bureautique, secrétariat, gestion, métiers de bouche, commerce…

Les spécificités

Les Maisons Familiales Rurales (MFR) n'ont pas de spécificité en matière de prise en charge d'un handicap, c'est presque le contraire : « Dans les MFR, les exigences sont élevées, sur le plan du travail scolaire, du travail en entreprise et du comportement. Une forte motivation est indispensable. La formation, sur le principe de l'alternance, ne peut fonctionner qu'avec des élèves motivés », explique un responsable. Pour autant, les Maisons Familiales Rurales accueillent des jeunes au parcours scolaire parfois accidenté, parmi lesquels des jeunes Dys.

Le quotidien en MFR

Pendant leur semaine de présence chaque mois dans la Maison Familiale Rurale, les jeunes sont internes, ils participent au quotidien à l'entretien de la Maison, apprennent l'autonomie et organisent des activités en dehors du temps scolaire. Ils sont majoritairement inscrits dans des formations sous statut scolaire dépendant du ministère de l'Agriculture.

INFOS

Les MFR à l'étranger

Des échanges à l'étranger sont souvent possibles. Le réseau compte en effet 1 000 Maisons Familiales Rurales, réparties dans quasiment une quarantaine de pays, essentiellement en Europe, en Amérique latine et en Afrique.

Les formateurs des Maisons Familiales Rurales ont, en plus de leur fonction d'enseignant, un rôle d'**accompagnateur**. Avec les autres personnels de la MFR (directeur, maîtresse de maison...), ils aident chaque élève, apprenti ou stagiaire à élaborer son parcours personnel et professionnel. Les parents sont également invités à prendre des responsabilités au sein de l'association et à participer à l'éducation de leurs enfants.

Pour en savoir plus

- **Union Nationale des Maisons Familiales Rurales**
  58 rue Notre-Dame de Lorette, 75009 Paris
  Tél. : 01 44 91 86 86/Fax : 01 44 91 95 45
  Mail : unmfreo@mfr.asso.fr
  www.mfr.asso.fr

15. Institut Médico-Professionnel – Établissement Médico-Professionnel (IMPro-EMPro)

Les Instituts Médico-Éducatifs (IME) accueillent les enfants de 6 à 14 ans et les Instituts Médico-Professionnels (IMPro) reçoivent les adolescents jusqu'à l'âge de 20 ans. Trois actions essentielles constituent le projet pédagogique : éducation, thérapie, formation auxquelles s'ajoute l'orientation professionnelle. 20 à 40 % des jeunes qui sortent chaque année des IMPro sont orientés vers le milieu professionnel.

Que proposent les IMPro ?

Ils dispensent des formations professionnelles ou pré-professionnelles ainsi qu'un enseignement général, le tout avec un accompagnement médical et social. Certains établissements ont basé leur enseignement sur l'apprentissage d'un métier : menuiserie, maçonnerie/peinture, horticulture, conditionnement, restauration de collectivités, enseignement ménager. D'autres privilégient l'acquisition de l'autonomie dans la vie quotidienne.

Il n'existe pas aujourd'hui d'IMPro spécialisés dans l'accueil de jeunes présentant des troubles du langage et des apprentissages, mais certains établissements ont mis en place des équipes d'éducateurs spécialisés dans plusieurs types de handicap comme à l'Institut Médico-Éducatif Léopold Bellan-La Sapinière pour jeunes déficients intellectuels présentant des troubles de la personnalité et du comportement.

Les IMPro ne délivrent pas de diplôme mais :

- un apport pédagogique (scolarité assurée par un enseignant détaché de l'Éducation nationale) ;
- une préparation à l'orientation vers les structures adultes par la pratique de stages.

Le mode d'hébergement était traditionnellement celui de l'internat mais les formules en demi-pension sont de plus en plus fréquentes.

L'accompagnement vers l'emploi

Les IMPro sont très différents les uns des autres et les pratiques éducatives très variables. D'une manière générale, la plupart proposent un encadrement double. C'est-à-dire qu'une équipe est dédiée à l'enseignement et l'autre chargée du suivi des jeunes au sein de l'entreprise où ils sont placés. Cette dernière équipe est composée d'éducateurs qui sont en contact avec le tissu économique local et elle noue des liens avec certains entrepreneurs.

INFOS

Les IMPro après 20 ans

Aujourd'hui, plusieurs IMPro possèdent un Service d'Insertion Sociale et Professionnelle. La grande majorité des élèves quitte l'établissement entre 20 et 21 ans. Cependant l'amendement Creton permet au jeune de rester au-delà des 20 ans s'il n'a pas trouvé de place dans une structure pour adultes, comme un ESAT par exemple.

L'orientation vers l'IMPro

Les IMPro sont des établissements « médico-sociaux ». L'orientation vers un IMPro est donc une décision de la MDPH. En principe, seule la MDPH décide, mais il est possible de formuler des propositions et, si un accord intervient avec un établissement suffisamment à l'avance, la MDPH pourra suivre le projet proposé par la famille.

Témoignages

Le cas de Sonia, Pays de la Loire

« Sonia a suivi une formation de piqueuse en confection à l'IMPro. Un stage d'insertion a été mis en place par son établissement dans une entreprise locale. Ce stage a permis à la jeune femme de se familiariser avec le milieu ordinaire et de se rendre compte des exigences du monde du travail. Après plusieurs stages, une entreprise d'accueil a été trouvée pour un contrat de travail à durée déterminée. Pour cette jeune femme, le chargé d'insertion de l'établissement a dû négocier un abattement de salaire maximum et un aménagement d'horaire. »

Le cas d'Alain, Franche-Comté

« Alain a suivi à l'IMPro une formation alternée en bâtiment. Il a effectué plusieurs stages chez un artisan local. Ce qui lui a permis de compléter ses acquis et surtout de développer son autonomie. Il a bénéficié tout au long de son stage du soutien du service d'accompagnement du département. Il a finalement été embauché en contrat à durée indéterminée chez l'artisan qui l'a pris en stage. »

Comment trouver le bon établissement?

C'est la MDPH qui fait des propositions d'établissement, mais pour trouver l'établissement voulu, il est nécessaire de s'y prendre à l'avance. Ceux qui proposent une prise en charge de qualité sont souvent très demandés. Il est possible de prendre contact avec le directeur, le rencontrer, visiter l'établissement, etc. Pour connaître les IMPro de la région, leurs spécificités, on peut consulter le *Guide Néret* qui recense chaque année toutes les structures d'accueil des personnes handicapées avec plus de 15 000 coordonnées d'établissements (ESAT, Entreprise Adaptée, IME, IMPro etc.) classées par département et les associations pour personnes handicapées.

Les ADAPEI qui sont les associations départementales de l'UNAPEI (Union Nationale des Associations de Parents et Amis de Personnes Handicapées Mentales) peuvent informer sur les structures existantes dans chaque département. Mais attention, les ADAPEI sont souvent également gestionnaires de certains établissements : elles connaissent donc mieux les structures de leur ressort, et n'ont pas toujours une vue d'ensemble du dispositif général. Il est souvent possible de consulter le *Guide Néret* dans les permanences des ADAPEI, comme dans les délégations départementales de l'Association des Paralysés de France (APF).

Après la prise en charge...

La législation prévoit qu'à l'issue de leur prise en charge dans un établissement médico-social, les jeunes bénéficient d'un accompagnement adapté. La structure d'éducation spécialisée qui a scolarisé le jeune handicapé doit l'accompagner, ainsi que sa famille, dans ses démarches d'insertion sociale et professionnelle à sa sortie de l'établissement. Cet accompagnement, qui dure au minimum trois ans, est réalisé en liaison avec les acteurs compétents (MDPH, Missions locales, Pôle emploi...), sans se substituer à eux.

Pour en savoir plus

- **Sites Internet de l'UNAPEI et de l'APF:**
  www.unapei.fr
  www.apf.asso.fr
- **Pour connaître un exemple de fonctionnement d'un institut médico-pédagogique pour les enfants souffrant de troubles de développement du langage, vous pouvez consulter le site Internet:**
  www.dysphasia.net
- **Retrouver un répertoire d'adresses complet dans:**
  Guide Néret – Droit des personnes handicapées, 2014, Lisiane Fricotté, Groupe Liaisons (réactualisé chaque année).
- **Voir aussi**
  – Le CNED → p. 89
  – Les ESAT → p. 151

16. Les Compagnons du Devoir

Association de type loi 1901, les Compagnons du Devoir ne sont pas spécialisés dans l'accueil d'apprentis handicapés mais sont souvent prêts à leur donner une chance, à les prendre en charge et à les former.
Il existe 52 Maisons des Compagnons du Devoir réparties sur toute la France. Elles forment les jeunes à près de 28 métiers, essentiellement dans les secteurs du bâtiment et de l'industrie.

Les Compagnons préparent les jeunes à l'apprentissage et aux examens des métiers en essayant de faire naître chez eux le goût d'apprendre et de voyager dans toute la France. Après une première qualification les jeunes peuvent, s'ils le souhaitent et s'ils montrent leur motivation, devenir Compagnons du Devoir.

Le principe

Le principe des Compagnons du Devoir repose sur la qualité de la production du jeune. Au delà des savoirs académiques, les Compagnons du Devoir s'attachent à considérer la qualité du travail effectivement produit. Une chance pour certains jeunes habiles de leur mains et fâchés avec les disciplines scolaires. L'apprenti est soutenu par les Compagnons, mais c'est à lui d'aller trouver son entreprise et de signer son contrat d'apprentissage.

Le principe est aussi celui de l'internat. Le jeune est salarié et peut donc être autonome. Pour le logement et la nourriture, il est demandé une participation d'environ 500 euros par mois.

À la découverte des métiers

Le Compagnonnage est un système très ancien basé sur un réseau de transmission des savoirs et des identités par le métier. Il constitue un système de partage des connaissances par l'apprentissage et la formation tout au long de la vie qui s'adapte aux travailleurs. Souvent, les jeunes y découvrent des idées de métier et se spécialisent dans un corps de métier bien particulier.

L'association propose plusieurs publications (payantes) sur les métiers dont L'*Encyclopédie des Métiers* (maçonnerie, plâtrerie, carrosserie, verrières métalliques et couvreur).

Pour qui ?

Les Compagnons du Devoir sont spécialisés dans les formations en alternance. Ils proposent plusieurs parcours de formation garantissant un emploi, une rémunération et des diplômes de formation supérieure, jusqu'à la licence. Encadrés par des professionnels ancrés dans la réalité du monde du travail, certains Dys y trouvent un apprentissage sur mesure. En quelques chiffres, les Compagnons ce sont 5700 apprentis, 3400 jeunes qui voyagent à travers le monde et 7000 stagiaires de la formation professionnelle.

Thibaut, un des Compagnons contactés pour l'élaboration de ce guide, nous précise tout de même que « les Compagnons ouvrent certaines portes, surtout des entreprises, pour ceux qui rentrent dans le moule. Parce que sur place, ils testent les apprentis dans les ateliers. Il faut le vouloir et se montrer très motivé dès le départ. »

Une spécificité : la mobilité

Le principe est le même que celui des saisonniers : le « Tour de France ». Les jeunes partent s'installer dans deux villes par an pour y travailler : une l'hiver et l'autre l'été.

Les formations sont donc toutes basées sur la **mobilité**, l'une des valeurs clés du Compagnonnage, souvent même avec une année de formation à l'étranger. Outre le « Tour de France » imposé, qui consiste à réaliser une longue mission dans plusieurs villes françaises, pas moins de 46 pays accueillent actuellement des jeunes en formation chez les Compagnons du Devoir, leur permettant ainsi de maîtriser une deuxième langue.

INFOS

Les Olympiades des métiers

Les Compagnons organisent tous les ans les Olympiades des métiers qui rassemblent les jeunes apprentis. Sur place, 52 métiers s'affrontent à travers des épreuves classées par corps d'état. Avec les journées portes ouvertes, ces genres d'événements constituent une motivation supplémentaire pour les jeunes apprentis et une occasion de découvrir cette structure pour ceux qui seraient intéressés.

Témoignage

Le cas de Thibaut, 20 ans, 4 ans chez les Compagnons du Devoir

« Thibaut a eu un parcours tout à fait normal mais il a toujours eu des difficultés à l'écrit. Il a obtenu le Brevet des Collèges à 16 ans et s'est vite passionné pour l'histoire de France et les vieilles pierres. De notre côté, nous l'encouragions à poursuivre ses études supérieures dans une filière courte et à prendre une voie professionnelle dès le lycée. Nous nous sommes alors tournés vers le CAP tailleurs de pierre en alternance.

Après des recherches et quelques conseils d'amis, nous avons pris contact avec les Compagnons du Devoir. Cette structure nous paraissait transmettre de bonnes valeurs et semblait compétente pour cette période d'apprentissage. C'est ce qu'il lui fallait. Pourtant ce n'était pas gagné pour Thibaut. Il a échoué au premier test d'entrée. Pour autant, le directeur a bien voulu essayer de lui en faire passer un deuxième, mais le résultat était pire que le premier. Le Prévôt (le directeur) des Compagnons a fini par proposer de l'accepter mais à la condition qu'il soit interne, toute la semaine. C'est comme cela que Thibaut a commencé son apprentissage chez les Compagnons.

[...] Tout de suite, les Compagnons prennent en charge la recherche d'entreprises. Il a fait deux ans d'apprentissage dans une entreprise de maçonnerie recommandée par les Compagnons. Même s'il gagnait peu, Thibaut était nourri et logé. Il a ensuite obtenu son CAP, sans aménagement particulier car au niveau professionnel ça marchait bien.

Voilà quatre ans qu'il y est. Je crois que ce qu'il préfère c'est le dépaysement. En plus, on lui laisse le choix entre plusieurs villes en fonction de sa préférence et des entreprises prêtes à l'accueillir sur place. Il a démarré à Rennes, toujours dans la maçonnerie. Actuellement, il est à Angers. Il est passé par Dunkerque, Cagnes-sur-Mer, où il travaillait au sein d'une PME, Épernay dans une grande entreprise de plus de 400 employés... Désormais, il souhaite partir à l'étranger, toujours avec les Compagnons. »

Pour en savoir plus

- **Les Compagnons du Devoir**
  82, rue de l'Hôtel de ville
  75180 PARIS cedex 04 (siège)
  www.compagnons-du-devoir.com
  Tél. : 01 44 78 22 50
  Fax : 01 44 78 22 66
  Mail : conseil@compagnons-du-devoir.com
  Retrouvez également toutes les implantations régionales sur le site Internet de la Fédération de la Formation Professionnelle (FFP) :
  www.ffp.org

Voir aussi

- Les Maisons Familiales Rurales → p. 97
- Les CFA → p. 83
- Les CFAS → p. 87

17. Université et Grandes Écoles

Les étudiants handicapés sont nettement **sous-représentés** dans les filières de l'enseignement supérieur et les « Dys sévères » sont pratiquement exclus de ce type de formation. Pourtant on retrouve de plus en plus d'étudiants dys qui optent pour des formations courtes de type IUT. Si certains d'entre eux ne revendiquent pas leur handicap, d'autres ont des difficultés à le faire évaluer et reconnaître. Des universités ont pris des initiatives pour améliorer l'accueil et l'accompagnement des étudiants porteurs de troubles dys.

L'accompagnement à l'université

Il s'agit pour l'université de coordonner l'intervention d'acteurs multiples, pour certains spécialisés (ARS, MDPH, Agefiph/FIPHFP, services ou

établissements de soins, enseignants référents du second degré...).
Toutes les universités mènent des actions en faveur des étudiants handicapés, mais avec des degrés d'engagement très différents.
La plupart proposent aux étudiants qui en font la demande, et qui ont obtenu une reconnaissance médicale du service de médecine préventive, les éléments suivants :

- une structure d'accueil des étudiants handicapés (la liste est publiée sur le site Internet Handi-U du ministère de l'Enseignement supérieur et de la Recherche).
- des examens avec aménagement des modalités de passation (supports adaptés comme l'agrandissement de caractères, temps majoré).

D'autres aides plus spécifiques sont proposées :

- l'aide humaine (preneur de notes[6]), interprète, soutien spécifique ;
- une salle particulière pour les examens, des documents adaptés, un temps de pause majoré ;
- pour certains types de handicap engendrant un trouble de l'élocution, une mesure de compensation peut être accordée par l'équipe éducative (une tierce personne, familière de l'étudiant, peut servir de facilitateur à la communication durant la passation d'examens oraux) ;
- la mise à disposition de photocopies, de polycopies de cours, la mise en ligne de documents sont des compléments indispensables. Pour certains une aide à la manipulation (TP), au rangement des documents et à l'utilisation des ouvrages en bibliothèque s'avère nécessaire.

INFOS

La MDPH peut délivrer l'allocation d'éducation de l'enfant handicapé (AEEH) et des compléments (pour les moins de 20 ans). Voir MDPH → p. 34

6. Les étudiants prennent place à côté de la personne qu'ils accompagnent (preneur de notes, accompagnateur). Le nombre d'heures de prises de notes évalué en début d'année universitaire peut être revu en fonction de l'évolution du handicap de l'étudiant, de l'efficacité des stratégies et des aides mises en place, des contenus de formation, du degré d'autonomie de l'étudiant et des ressources mises à disposition par l'enseignant. Cette prise de notes peut être faite par un étudiant de la même promotion que l'étudiant handicapé ou par un étudiant recruté dans une autre année. Il est fréquent qu'un étudiant ait plusieurs preneurs de notes qui pourront l'aider dans le téléchargement d'ouvrages sous forme numérique.

Témoignage

Martine, responsable du Pôle handicap d'une grande université parisienne

« Dans les universités françaises on trouve à peu près les mêmes types d'aménagement partout. Chaque établissement suit le décret d'application de la loi de 2005 et la circulaire 2011 qui spécifient ce qui doit être mis en place. Mais après, chaque université peut mettre les moyens qu'elle veut. C'est-à-dire que chaque fac peut choisir le nombre de personnes qui vont constituer l'équipe dédiée au handicap, les modalités précises d'aménagement des examens, mais aussi le programme de communication et de sensibilisation à destination des élèves et des professionnels: conférences, compétitions handisport. On peut dire que chaque université agit en fonction de sa propre sensibilité (direction et service dédié au handicap). Bien sûr, il y a aussi la taille de l'université, plus elle est petite et plus le service handicap est facilement repérable. (...) Nous, on propose essentiellement à nos étudiants le temps majoré et le soutien pédagogique. On essaye même d'encourager nos étudiants valides à vivre une expérience humaine en accompagnant un de leurs camarades handicapés. Un étudiant d'un niveau supérieur peut par exemple suivre un étudiant en licence pour l'aider à compenser sa déficience ; ils peuvent même bénéficier d'un preneur de notes. Mais les preneurs de notes sont en général des étudiants du même cours. Les secrétaires d'examens peuvent aussi être des étudiants. Ils seront alors recrutés, comme pour un job étudiant, et seront rémunérés par le pôle handicap de notre université en fonction de la prestation fournie. »

Autres formations supérieures

Depuis l'entrée en vigueur de la loi du 11 février 2005, la plupart des établissements d'enseignement supérieur ont rendu leur mode de sélection et leur enseignement accessibles aux personnes en situation de handicap ou entreprennent progressivement cette démarche.

La Conférence des Grandes Écoles, qui regroupe la plupart des Grandes Écoles d'ingénieurs ou de commerce, a signé le 23 mai 2008 la charte Conférence des Grandes Écoles Handicap. Chacune de ces écoles a un référent handicap, elles proposent des aménagements aux concours d'accès et des aménagements durant la scolarité et aux examens.

Le 11 février 2014, la ministre déléguée aux personnes handicapées et à la lutte contre l'exclusion, Marie-Arlette Carlotti, a signé, avec les écoles de communication et les entreprises du secteur de l'audiovisuel, la charte visant à favoriser la formation et l'insertion professionnelle des personnes handicapées dans le secteur de la communication audiovisuelle. Sont signataires de la charte, des écoles telles que : Sciences-Po Paris, le CFJ Paris, l'IJBA, l'EJT, l'ESJ Lille, le Cours Florent, la Fémis, le CELSA...

Des écoles d'art, telle que l'École du Louvre, s'ouvrent aux étudiants en situation de handicap. L'École des Beaux-Arts de Marseille accueille des étudiants sourds et met en place une scolarité adaptée.

Si vous avez une passion, si vous vous sentez prêts à relever des défis, n'hésitez pas à pousser les portes des écoles dont vous rêvez et à défendre vos dossiers et vos droits.

Ces écoles, que l'on intègre après le bac ou après deux années de classe préparatoire aux grandes écoles (CPGE), proposent divers aménagements aux concours pour les élèves en situation de handicap après examen du dossier de demande d'aménagements lors de l'inscription au concours. Il est recommandé de se renseigner au plus tôt, c'est-à-dire avant d'entrer dans cette filière, et de faire la demande dès le début de l'année de l'examen auprès du service du concours et de la MDPH.

INFOS

Attention !

Le nom du concours devra apparaître explicitement dans la notification du médecin. Ainsi, si vous prévoyez de présenter plusieurs concours et/ou examens la même année, pensez bien à rédiger votre demande en ce sens, et précisez au médecin le type de rédaction qu'il doit adopter pour que votre dossier soit recevable, afin d'éviter de devoir constituer plusieurs dossiers.

Les aménagements possibles varient selon les règlements de chaque examen et/ou concours : le temps majoré est toujours proposé, l'usage de l'ordinateur avec correcteur orthographique souvent, mais l'étudiant devra parfois se rendre dans un centre d'examen spécifique. D'autres types d'aménagements sont possibles, renseignez-vous, ou demandez de l'aide aux associations de personnes dys ou de personnes handicapées.

Si vous souhaitez bénéficier des mêmes aménagements durant votre scolarité en école supérieure qu'au concours d'entrée, il est également préférable de le faire notifier sur la recommandation médicale.

Pour avoir manqué de prudence, certains étudiants ont dû reconstituer un dossier auprès du médecin de la MDPH pour conserver le bénéfice des aménagements durant leurs études et lors des examens semestriels.

À SAVOIR

Passerelles

Des écoles de commerce à Paris et en région ont créé un concours spécifique pour favoriser leur accès aux étudiants en situation de handicap, le concours « Passerelle Dispositif Handicap ». Elles proposent également une facilité d'accès aux étudiants socialement défavorisés par le dispositif « Passerelle Ascension Sociale ».
Il est possible de s'inscrire conjointement dans ces deux dispositifs sur le site www.passerelle-esc.com
Voir aussi sur le site de l'Onisep, le dossier « Handicap et enseignement supérieur en Champagne-Ardenne », en téléchargement gratuit.

Attention ! Avant de vous engager dans ces études longues, il faut avoir conscience des exigences des écoles en matière de qualité rédactionnelle et de niveau d'anglais. Beaucoup d'écoles, dont les écoles d'ingénieurs, exigent que leurs étudiants obtiennent un certain résultat aux tests de certification des compétences en anglais pour les étrangers de l'université de Cambridge ou de l'organisme américain ETS Global, qui organise les fameux TOEFL et TOEIC. Lors des tests du TOEFL ou du TOEIC, seul le temps majoré est actuellement prévu pour les étudiants dys. L'étudiant dys devra souvent être particulièrement persévérant pour passer cette barrière.

Nombre de ces écoles intègrent des stages en entreprise durant ces cursus de formation, pensez à anticiper une demande de Reconnaissance de la Qualité de Travailleur Handicapé, RQTH, auprès de votre MDPH si vous estimez en avoir besoin.

Pour en savoir plus

- **Le site Internet Handi U vous informe sur les formations et la vie de l'étudiant (aides diverses)**
  www.handi-u.fr
- **Le guide de l'accompagnement de l'étudiant handicapé résulte du travail d'un groupe d'experts constitué par la conférence des présidents d'université**

(CPU). C'est un outil pratique d'information et d'aide méthodologique destiné à l'ensemble de la communauté universitaire.
www.enseignementsup-recherche.gouv.fr/cid66358/guide-d-accompagnement-de-l-etudiant-handicape-a-l-universite.html

☛ **Voir aussi**
– L'Onisep → p. 39

18. Les stages

Il n'est jamais trop tôt pour découvrir le fonctionnement des entreprises. On peut même faire des stages avant l'âge légal du travail. Dès 14 ans, les élèves des classes de 4e et de 3e peuvent rejoindre une entreprise, le temps d'une semaine de découverte du milieu du travail. Les stages doivent être encadrés par une convention signée entre l'établissement scolaire et l'entreprise, l'élève restant sous statut scolaire pendant sa présence dans les locaux de l'entreprise. La circulaire qui définit les modalités des stages pour les élèves est parue au Bulletin Officiel de l'Éducation Nationale (BOEN) n° 34 du 18 septembre 2003.

On peut la consulter sur Internet et même télécharger une convention de stage prête à être signée par l'établissement scolaire et l'entreprise.

L'intérêt des stages

Bien que pouvant engendrer une situation précaire pour les étudiants, la formule des stages permet à chacun de se faire une idée de ce que sera son insertion professionnelle. Les périodes de stage permettent de découvrir à la fois les réalités et les contraintes du monde du travail car les jeunes se trouvent face à des responsabilités qu'ils apprennent à assumer en adulte avec l'aide d'un référent dans l'entreprise et du responsable du stage.

Témoignage

Julie, 20 ans, en Bac Pro en lycée professionnel ordinaire, a décroché un stage au sein de la direction financière d'Areva. Isabelle, sa tutrice, témoigne.

« Je gère le service financier composé de neuf personnes. On s'occupe des opérations comptables de trésorerie des trois filiales d'Areva. Régulièrement on fonctionne avec des stagiaires.

Je ne savais pas que Julie était dys, on ne me l'avait pas dit. La première fois, j'ai rencontré Julie au service des Ressources Humaines. On a eu un entretien surprenant. Je lui expliquais le poste, mais elle était venue avec un but bien précis : elle souhaitait expressément signer le contrat. On s'est douté que son comportement l'amenait parfois à avoir des réactions inscrites dans l'instantané.

J'ai ensuite réuni mon équipe pour leur expliquer que nous allions recevoir une stagiaire en situation de handicap. Tout le monde a très bien réagi. Je leur ai dit que Julie n'était pas facile à comprendre, qu'il fallait parfois tendre l'oreille, mais que si j'y arrivais, il n'y avait pas de raison qu'eux n'y arrivent pas. Il se trouve en plus que, dans mon équipe, nous avons deux mal entendants. Julie, elle, c'est vraiment l'élocution son problème. Elle avale un peu ses mots et n'articule pas bien. Mais au besoin on la faisait répéter. Au niveau de l'écriture aussi elle a un petit problème de lenteur mais comme aujourd'hui tout se fait par ordinateur, la différence se ressent moins.

Julie a bénéficié d'un poste de travail comme les autres, comme si c'était une personne qui était employée en CDI. Elle avait son propre bureau, avec Internet et l'accès à notre logiciel de saisie comptable.

Au début je voulais voir comment elle fonctionnait avec les fichiers Excel, j'ai vu qu'elle maîtrisait bien, et ça m'a rassurée. Il a fallu ensuite la former au logiciel interne. Nous lui avons montré les tâches de base, à faire tous les jours. Car au sein d'une trésorerie, on ne confie pas tout de suite au stagiaire des tâches importantes qui concernent les flux d'encaissement et de décaissement de transactions, qui peuvent aller jusqu'à plusieurs millions d'euros.

Comme je suis souvent en réunion et en déplacement, j'en ai profité pour faire participer l'équipe à cet accompagnement et notamment une jeune collaboratrice un peu introvertie. Je crois qu'elle se sentait encore plus responsable et qu'elle a réussi à se mettre davantage en avant.

Désormais, je vois bien Julie évoluer dans un service comptable, après une formation BTS CGO (Comptabilité et Gestion des Organisations), un diplôme reconnu mais qui peut être un peu dur à obtenir, pour tous d'ailleurs. En tous cas moi, je pourrai tout à fait la recommander. »

Pour en savoir plus

- **La sécurité des élèves en stage, Guide d'aide et de conseil**
  http://ons.education.gouv.fr/ONS-Guide-La-securite-des-eleves-en-stage-guide-d-aide-et-de-conseil.pdf
- **Guide de stages des étudiants en entreprise**
  http://media.enseignementsup-recherche.gouv.fr/file/Stages/27/6/guidestages2407_33276.pdf

CHAPITRE 4

Trouver un emploi

L'ultime étape de l'éducation et de la formation, c'est l'entrée dans la vie active. Qu'est-ce qui a motivé l'inclusion scolaire, le soutien apporté à l'enfant pendant des années, les allers et retours chez les orthophonistes... ? La possibilité qu'un jour l'enfant puisse travailler comme les autres. Mais lorsque l'idéal se confronte à la réalité de l'emploi, le choc peut être rude. Pourtant, le monde de l'entreprise évolue, les mentalités changent, l'information sur les handicaps progresse, l'insertion professionnelle peut devenir réalité. Accompagnement et préparation sont les maîtres mots de la réussite dans ce domaine.

Il est important de noter que l'orientation en « milieu ordinaire » ou « milieu protégé » prise par la CDAPH aura un impact fondamental sur la suite des démarches à engager et sur l'avenir professionnel de la personne dys.

Milieu ordinaire ou milieu protégé : à chacun sa solution. Le milieu protégé permet à la personne handicapée de s'insérer dans un environnement aménagé et de bénéficier d'un soutien dans sa vie quotidienne. Les places sont rares et les établissements qui offrent des conditions de travail épanouissantes sont très demandés, il vaut donc mieux anticiper cette éventualité et prévoir des listes d'attente.

Et si on souhaite réintégrer le milieu ordinaire, les possibilités de passage se développent. Là aussi les situations évoluent.

Quel que soit le niveau des difficultés d'un jeune atteint d'un trouble du langage et des apprentissages, il existe une solution d'insertion adaptée à ses caractéristiques.

1. Pôle emploi

L'inscription au Pôle emploi est souvent incontournable quand on cherche un emploi. Toute personne de plus de seize ans peut s'inscrire au Pôle emploi, dès lors qu'elle a quitté l'école. Pôle emploi accueille tous les demandeurs d'emploi, sans critère, sans être pour autant un organisme spécialisé dans le handicap. En revanche, il existe dans chaque département un correspondant Pôle emploi pour les personnes en situation de handicap. Il vous aide à définir votre projet professionnel.

L'inscription

Lors de son inscription, le demandeur d'emploi doit fournir les justificatifs de sa situation. S'il est reconnu travailleur handicapé, il doit inclure dans le dossier le justificatif de la reconnaissance de sa qualité de travailleur handicapé (RQTH) et demander son inscription sur la « liste d'information collective » afin de pouvoir bénéficier des services spécialisés du réseau (« Cap emploi », voir **http://vosdroits.service-public.fr/particuliers**).

INFOS

Pôle emploi et le handicap

La plupart des départements ont mis en place des conventions Pôle emploi-Cap emploi-MDPH. Dans chacun de ces départements on peut solliciter un correspondant Pôle emploi spécialisé « handicap ». En 2010, plus de 100 000 personnes handicapées ont trouvé un poste par l'intermédiaire de Pôle emploi et des Cap emploi.

Les conseillers Pôle emploi

Il existe, dans la plupart des départements, des conseillers professionnels spécialisés pour les travailleurs handicapés. Leur mission est de vous mettre en relation avec des entreprises qui recrutent. Ils peuvent également vous inviter à participer à des ateliers comme la préparation de l'entretien d'embauche, la rédaction de CV, etc.

Une aide à l'orientation

Le Pôle emploi est souvent le premier maillon de l'orientation. Vous pouvez envisager avec votre conseiller un parcours de formation ou un projet de création d'entreprise. En fonction de vos besoins, il vous oriente vers des prestataires spécialisés comme les Missions locales ou les Cap emploi.

Des offres ciblées

Attention, parmi les offres destinées aux travailleurs handicapés, la majorité s'adresse à des personnes ayant un niveau de qualification trop élevé pour des jeunes présentant des troubles du langage et des apprentissages. Parmi les offres du Pôle emploi, seulement une petite proportion concerne des qualifications dites de niveau V (c'est-à-dire niveau CAP ou BEP). Or 80 % des travailleurs handicapés inscrits au Pôle emploi ont un niveau V ou inférieur.

Pour en savoir plus

- **Le Pôle « Handipass » (spécialisé dans l'insertion des travailleurs handicapés)**
  3 rue des Nanettes, 75011 Paris
  Tél. : 01 43 38 27 34

- **Les sites Internet pour l'emploi des personnes en situation de handicap**
  www.pôle-emploi.fr
  www.apec.fr
  www.emploipublic.fr (la fonction publique)
  www.handicap.fr (espace emploi)
  www.handicap.monster.fr
  www.carrefour-emploi-public.fr
  www.agefiph.fr
  www.hanploi.com
- **Les sociétés d'intérim ayant des politiques dédiées en faveur des personnes handicapées, telles que : Adecco, Adia, Crit intérim, Kelly services, Manpower, Randstad, Synergie, Pro emploi intérim.**

☛ **Voir aussi :**

- Cap emploi → p. 118
- L'Agefiph → p. 142
- Les Missions locales → p. 120
- L'ADAPT → p. 123

2. Cap emploi

Définis par la loi du 11 février 2005, comme des « Organismes de Placement Spécialisés » (OPS), les Cap emploi forment un réseau d'associations « labellisées ». Financés par l'Agefiph, le FIPHFP et le Pôle emploi, les Cap emploi ont pour missions d'assister les personnes en situation de handicap dans leur recherche d'emploi et de mettre en lien les demandeurs et les entreprises qui recrutent. En 2010, près de 114 000 personnes handicapées ont été placées dans les entreprises par Pôle emploi et les Cap emploi.

Que font les Cap emploi ?

Leur objectif est de favoriser l'embauche des personnes handicapées dans les entreprises ordinaires, privées ou publiques. Pour cela, ils interviennent sur deux plans : d'une part auprès des employeurs comme appui au recrutement et au suivi dans l'emploi et d'autre part auprès des demandeurs d'emploi qui ont besoin d'informations ou de soutien dans leur recherche. À ce titre, les Cap emploi viennent en complément de l'action de Pôle emploi et s'y substituent.

À SAVOIR

Attention !

Le Cap emploi est réservé aux travailleurs handicapés avec une orientation en « milieu ordinaire » ; si la MDPH a décidé d'une orientation en milieu protégé, les Cap emploi ne sont donc pas adaptés à vos démarches car ils s'occupent de placer les demandeurs d'emploi en milieu ordinaire.

Quels sont les services proposés ?

Répartis dans l'ensemble des départements en 107 antennes de proximité, les Cap emploi sont devenus des opérateurs classiques intervenant dans le parcours d'accès à l'emploi ou de maintien dans l'emploi des personnes souhaitant intégrer le milieu ordinaire. Ils vous suivent tout au long de votre démarche d'accès à un poste. Ils vous aident à formaliser votre projet, en vous demandant de le rédiger. Ils vous proposent des bilans sur vos entretiens d'embauche et vous orientent vers des formations.

La force des Cap emploi, c'est leur renommée. Ils s'appuient sur un réseau d'entreprises prêtes à embaucher et de partenaires. Leur partenariat est large. Lorsqu'il s'agit, par exemple, de suivre un salarié dans l'emploi, ils travaillent avec les Sameth.

INFOS

Les Sameth

Les Sameth sont des Services d'aide au maintien dans l'emploi des travailleurs handicapés financés par le FIPHFP et l'Agefiph. En 2011, le réseau des Sameth a pris en charge 24 458 nouvelles situations et a permis à 17 523 personnes handicapées d'être maintenues dans leurs entreprises.

Parfois débordés, il arrive que les Cap emploi ne puissent assurer le suivi nécessaire. Il a été signalé par exemple des cas de personnes dirigées vers une formation alors qu'elles souhaitaient trouver un emploi rapidement.

INFOS

Les rendez-vous à Cap emploi se prennent obligatoirement par le biais du Pôle emploi ou de la Mission locale. Sans cela, les personnes ne peuvent s'adresser directement à Cap emploi.

Pour en savoir plus

- **www.capemploi.net**
  www.agefiph.fr rubrique « le service Cap emploi » et Sameth : www.agefiph.fr rubrique « que faisons-nous »
- « Trajectoires vers l'emploi », prestation de Pôle emploi qui prépare l'intégration ou le retour dans l'emploi (CV, entretiens, etc.) :
  www.pole-emploi.fr

Voir aussi
- Les Missions locales → p. 120
- Pôle emploi → p. 116

3. Les Missions locales

Les Missions locales interviennent dans tous les domaines concernés par l'insertion sociale et professionnelle des jeunes en difficulté. Elles accompagnent les 16-25 ans dans la recherche d'un emploi, d'une formation aussi bien que d'une solution de logement. Elles ne sont pas a priori spécialisées dans le champ du handicap, mais elles sont régulièrement en situation d'accueillir et d'accompagner un public handicapé à partir de 16 ans.

Identification du handicap et accompagnement vers la « reconnaissance »

Tous les conseillers peuvent vous recevoir, mais il existe en général un conseiller référent handicap au sein de chaque Mission locale qui collecte les informations spécifiques et peut répondre sur les questions plus techniques. Les Missions locales aident par ailleurs au montage des demandes de reconnaissance de la qualité de travailleur handicapé (RQTH) auprès de la MDPH.

Précisons tout de suite que Missions locales et PAIO (Permanences d'Accueil, d'Information et d'Orientation) sont exactement identiques du point de vue de l'usager, seuls changent le statut légal et le mode de financement.

L'importance des relais et du partenariat

Toutes les Missions locales ont leur propre façon de fonctionner avec des actions plus ou moins efficaces mais d'une manière générale, les conseillers s'appuient sur un partenariat interne et des relais en lien avec l'emploi. Un psychologue d'un centre médico-psychologique (CMP) peut dans certains cas tenir une permanence au sein de la Mission locale, ce qui permet d'avoir un suivi utile pour certains. Des Cap emploi peuvent aussi réaliser des permanences et plus ponctuellement, des collaborations sont mises en place avec d'autres dispositifs comme « Passerelle » en Île-de-France.

Les réponses « emploi/formation »

Les jeunes en situation de handicap accompagnés par la Mission locale bénéficient des mêmes prestations que les autres. Dans certains cas, elle s'appuie sur la plate-forme d'insertion du département. Le conseiller de la Mission locale pourra alors vous aider à trouver un stage ou vous mettre sur des pistes pour un contrat en alternance ou un stage qualifiant agréé par le conseil régional.

Lorsqu'il s'agit d'emploi, la Mission locale bénéficie de la présence d'un agent du Pôle emploi, détaché (parfois à temps plein). Les relations directes avec les entreprises sont ainsi facilitées, d'autant que les Cap emploi peuvent aussi tenir des permanences.

Pour les personnes qui bénéficient déjà d'une RQTH, la Mission locale les accompagne dans leurs démarches. Cet accompagnement peut concerner le montage d'un dossier d'aide auprès de l'Agefiph (aménagement de l'environnement de travail ou aide financière, permis de conduire, frais ponctuels durant un stage…).

Peu de Dys dans les Missions locales

Les Missions locales contactées nous disent accueillir très peu de jeunes handicapés sensoriels et/ou atteints de troubles du langage et des apprentissages. Lorsque c'est le cas, il s'agit de Dys, ou déficients auditifs déconnectés des circuits dits spécialisés. Au lieu de les réorienter tout de suite, elles essaient avec ces jeunes d'y voir plus clair sur les dispositifs d'insertion.

Témoignage

Julien, 22 ans, dyspraxique

« Je me suis inscrit au Pôle emploi en octobre dernier et, dans la foulée, à la Mission locale de ma ville. La Mission locale m'a alors proposé une AOF (Action d'Orientation et de Formation) qui a soit-disant pour but de concrétiser un projet professionnel. Cela dure environ trois mois et demi, et c'est rémunéré 652 € pour une personne possédant une RQTH. Au terme de cette formation je peux soit me diriger vers une formation qualifiante ou bien obtenir un emploi à l'issue d'un stage en entreprise de dix jours (mais c'est plus rare). En parallèle, j'envoie toujours des candidatures spontanées à diverses entreprises, pour des offres d'emploi présentes sur le site du pole-emploi.fr ou même sur celui du Bon coin. Je me suis même inscrit dans plusieurs agences d'intérim. »

Où trouver les Missions locales ?

Il existe une ou plusieurs Missions locales dans chaque département. Les coordonnées de la Mission locale la plus proche du domicile des personnes intéressées sont disponibles auprès des mairies.

À SAVOIR

Les Missions locales et le handicap

Sachant que la prise en charge du handicap diffère selon les Missions locales, des avis divergents circulent à leur sujet. Les Missions locales ont évolué depuis l'article de Patrick Léchaux qui écrivait « les Missions ne connaissent pas du tout la problématique du handicap ni les mesures d'insertion spécifiques aux personnes handicapées » (*Les cahiers de l'ADAPT*, 2003). Jugement un peu sévère sans doute, car sur le terrain, leur action dépend de leurs moyens, de leurs initiatives et de leur dynamisme. En fonction des endroits et des personnes, les Missions locales seront plus ou moins sensibilisées à l'accueil de jeunes handicapés. Les Missions locales ont en général noué des relations avec la MDPH et l'Agefiph. Ca peut servir !

Enfin, rappelons que si la formation et l'emploi représentent plus des trois quarts des activités des Missions locales, elles travaillent aussi en matière d'accès au logement, aux soins, à la santé et à une couverture sociale, à la citoyenneté. Elles peuvent aussi proposer des bilans de compétences ou orienter vers un centre de bilan adapté.

Pour en savoir plus

- www.missions-locales-france.org.
- **Pour accéder à l'annuaire des Missions locales sur:** www.emploi.gouv.fr

☛ **Voir aussi**
– La MDPH → p. 34
– Cap emploi → p. 118

4. L'ADAPT

L'ADAPT participe à plusieurs salons et forums et accueille chaque année près de 12 000 personnes handicapées. Cette association est présente dans toute la France à travers plus de 100 établissements et services de soins, de réadaptation, d'aide par le travail, de rééducation professionnelle, d'éducation motrice et d'accompagnement.

INFOS

Le personnel de l'ADAPT est composé de professionnels, d'adhérents, de bénévoles, partenaires.

Si, à l'origine, l'ADAPT est une association qui gère des établissements, elle mène aujourd'hui une action militante en faveur de l'insertion professionnelle des personnes handicapées. Trois évènements méritent d'être mentionnés : la « Semaine pour l'emploi des personnes handicapées », le « Réseau des réussites » et le « Pass pour l'emploi ».

À SAVOIR

Exemple en région : le centre de préorientation et de rééducation professionnelle de Bourgogne

« Le centre de préorientation accueille des personnes reconnues "Travailleurs Handicapés" par la CDAPH, pour les accompagner dans la définition d'un nouveau projet professionnel et leur trouver des stages. » L'ADAPT gère le seul centre de préorientation et de rééducation professionnelle de Bourgogne. D'une capacité d'accueil de 120 places, il est ouvert aux candidatures de toute la France et affirme sa proximité de l'entreprise tant pour l'évolution de ses formations que pour la mise en œuvre des apprentissages. Doté d'équipements professionnels performants, le CRP offre un dispositif dont les contenus sont sans cesse renouvelés pour s'adapter aux évolutions des métiers.

Semaine pour l'emploi des travailleurs handicapés

Chaque année, en novembre, l'ADAPT organise, en partenariat avec l'Agefiph, la Semaine pour l'emploi des personnes handicapées. Ces rencontres réunissent entreprises et demandeurs d'emploi en situation de handicap. En 2013, 66 500 rencontres entre personnes handicapées en recherche d'emploi et recruteurs ont pu avoir lieu dans toute la France, grâce aux multiples actions organisées tout au long de ces 5 jours.

Les 140 actions portées par l'ADAPT ont réuni 8 800 candidats et 1 800 recruteurs lors de forums emploi/handicap, d'Handicafés© ou encore de Jobdatings©.

Leur médiatisation contribue à sensibiliser les employeurs à la question de l'insertion des personnes handicapées. Le site Internet **www.semaine-emploi-handicap.com** détaille tous les programmes de la « Semaine pour l'emploi des personnes handicapées » de l'année en cours.

Réseau des réussites

Devant le succès de ces journées et face à la forte demande d'aide de la part des personnes en recherche d'emploi, l'ADAPT a créé le « Réseau des réussites ». L'idée consiste à créer un réseau de bénévoles qui vont accompagner la personne handicapée dans son parcours vers l'emploi. 320 bénévoles parrainent des candidats soucieux d'entrer dans l'emploi. Ils les aident à élaborer leur CV et à préparer leurs entretiens d'embauche.

Chaque parrain (souvent un retraité, cadre du monde de l'entreprise) suit un candidat durant une période d'un an : de la définition de son projet et l'évaluation de ses capacités à son intégration au sein d'une entreprise. Le parrain peut donc aider la personne à trouver un employeur.

Il existe aujourd'hui une trentaine de comités bénévoles du « Réseau des réussites » en région. On peut faire acte de candidature, soit auprès du responsable national du « Réseau des réussites » de l'ADAPT, soit via le site Internet.

Ce dispositif ne prétend pas se substituer à d'autres, mais il obtient de bons résultats, y compris pour des jeunes ayant un faible niveau de qualification.

INFOS

Des comités de parrainage sont installés dans une quarantaine de départements : consultez le site de l'ADAPT pour vous y rendre.

Forum PASS POUR L'EMPLOI

L'ADAPT est le partenaire majeur du Forum PASS POUR L'EMPLOI. Depuis 2007, ces rencontres-emploi organisées par la Société Générale s'installent en plein air sur le Parvis de La Défense à Nanterre. Au cœur du quartier d'affaires, ce forum regroupe des stands d'une quarantaine de grandes entreprises qui recrutent dans des domaines aussi divers que l'énergie, les services, l'industrie ou le luxe. On trouve aussi des coachs, des professionnels du recrutement et des collaborateurs bénévoles. Ce genre de rencontres est amené à se développer, y compris dans d'autres lieux, porté par d'autres grandes entreprises ou associations.

Toutes les informations sur le salon, les entreprises, les animations, le programme sont disponibles sur www.passpourlemploi.com

Témoignage

Le cas de Vincent, dysphasique, et de son parrain

« Nous avons rencontré l'ADAPT lors d'un forum sur l'emploi des personnes handicapées alors que Vincent recherchait un emploi dans un établissement pour personnes âgées. Il s'est présenté à l'un des animateurs bénévoles du stand (un jeune retraité) qui lui a rapidement proposé un premier rendez-vous pour qu'il puisse mieux cerner son projet et lui proposer de le parrainer. Il s'est montré à la fois disponible, efficace et surtout muni d'un très bon réseau relationnel. Dans les jours qui ont suivi, il a rencontré Vincent. En quelques jours, ce parrain lui a présenté un directeur d'une maison de retraite qui se trouvait dans une commune voisine. Il a également pris contact avec un autre établissement pour obtenir un rendez-vous. Comme, parallèlement, nous avions aussi fait des démarches de notre côté qui ont abouti, le "parrain" a cessé ses recherches, mais je suis persuadée que, si c'était nécessaire, il pourrait le recontacter. D'ailleurs, nous avons toujours ses coordonnées. »

Pour en savoir plus

- **L'ADAPT**
  www.ladapt.net
- **Voir aussi**
  le site Internet de la semaine pour l'emploi des personnes handicapées : **www.semaine-emploi-handicap.com**

☛ **Voir aussi**

– Cap emploi → p. 118
– L'Agefiph → p. 142

5. ARPEJEH et TREMPLIN

ARPEJEH

ARPEJEH (Accompagner la Réalisation des Projets d'Études de Jeunes Élèves et Étudiants Handicapés) est une association d'intérêt général, régie par la loi du 1er juillet 1901, installée en Île-de-France, en Rhône-Alpes et à Aix-Marseille. Les structures ARPEJEH sont sous contrat avec chacune des académies correspondantes, c'est-à-dire qu'elles signent avec elles des conventions de partenariat. Leur mission est d'accompagner les jeunes dans leurs parcours de formation et de construction de leur projet professionnel.

Pour qui ?

ARPEJEH s'adresse aux jeunes scolarisés, en situation de handicap, de la classe de 3e jusqu'à la fin des études supérieures. L'association propose des actions adaptées en fonction des âges et des besoins : stages, missions d'alternance dans les entreprises membres du réseau ARPEJEH.

Des professionnels à votre écoute

Au lycée (dès la classe de 1re), ARPEJEH met à disposition un accompagnant formé aux techniques de l'accompagnement (manager ou opérationnel), qui s'engage, pendant un an minimum, aux côtés d'un jeune pour réfléchir et construire avec lui son projet professionnel. Ces interlocuteurs professionnels permanents et stables font office de tuteurs ou de parrains qui seront aux côtés des jeunes pour construire leur projet professionnel. Il s'agit, en effet, de les aider à faire un choix d'orientation, à trouver des stages, dès la 3e, mais aussi à découvrir certains métiers.

ARPEJEH propose une série d'Ateliers « Découverte » ou de « Préparation Professionnelle » qui permettent aux élèves et aux étudiants d'explorer des métiers inconnus, parfois insolites. Ces ateliers leur permettent aussi de se préparer aux techniques de recrutement avec des professionnels (simulation d'entretien, de débriefing, analyse et commentaires du CV et de la lettre de motivation).

L'association a tissé des partenariats avec des entreprises et des acteurs publics de tous secteurs, engagés dans une politique active en faveur de l'emploi des travailleurs en situation de handicap.

À SAVOIR

Plusieurs parents rencontrés nous ont recommandé cette association, soulignant la qualité de son savoir-faire. Pour autant le niveau scolaire requis parfois peut constituer un frein (niveau 1re ou terminale). Elle convient alors davantage aux jeunes qui préparent un Bac professionnel.

Par ailleurs, ce type d'association attend que le jeune démontre sa motivation par une expression claire de ses envies, ses attentes, son « projet professionnel ». Les difficultés spécifiques aux Dys peuvent être antinomiques de ces attentes. L'incompréhension de la part des intervenants qui en résulte risque alors de disqualifier le jeune.

Les associations ne réussissent pas toujours : démarchez aussi de votre côté !

« Tremplin » (association d'aide au passage vers l'emploi)

Pour qui ?

« Tremplin » est une association qui travaille aujourd'hui avec près de 200 entreprises partout en France. Elle a pour mission d'être « une passerelle » vers l'emploi et a noué des partenariats avec plusieurs établissements supérieurs en France : universités de Lille, Paris, Rennes, etc.
Elle guide les personnes handicapées pour passer de leur statut d'étudiant ou d'apprenti à celui de travailleur.

Quel service proposé ?

« Tremplin » encourage les personnes à passer de leur statut d'étudiant ou d'apprenti à celui de futur travailleur.

Témoignage

L'entourage doit aider l'adulte Dys, même quand il fait appel à des associations spécialisées pour trouver un stage en entreprise.

« Notre fils Pierre est dyslexique-dysorthographique et présente aussi des troubles de déficit de l'attention/hyperactivité (TDAH). Il a obtenu son Bac, avec mention Assez Bien, grâce aux aménagements

Témoignage (suite)

obtenus et notamment la dispense de Langue vivante 2. Il est en première année de licence professionnelle.

Il devait trouver un stage "découverte de l'entreprise" de 5 semaines. On s'est alors tourné vers deux associations qui proposaient de l'aide à l'insertion professionnelle aux élèves en difficulté ou en situation de handicap : ARPEJEH et Tremplin. Pierre avait déjà été accompagné par ARPEJEH, avec beaucoup d'efficacité pour trouver un stage d'une semaine en classe de 3e. À cette époque, c'était simple, les échanges s'étaient passés par mail avec nous, les parents !

Cette fois, il s'est débrouillé seul… enfin, au début ! Pierre a eu du mal à s'inscrire sur leurs sites. On a dû l'aider à refaire la saisie/validation plusieurs fois avant d'y arriver. Le site n'indique pas toujours là où il faut cliquer et la quantité d'informations à gérer à l'écran est très importante et rend ainsi difficile son utilisation pour un Dys. On a donc dû assister Pierre pour le faire. Heureusement qu'on était là avec lui devant l'ordinateur ! En plus, ce jour-là, il y a eu un bug avec le site d'ARPEJEH, nous avons finalement fait l'inscription directement par mail. Nous ne savons pas comment ensuite a circulé l'information. Pierre a-t-il comme souvent loupé la lecture de mails ? - Eh oui ! Pas si simple la communication écrite pour un dyslexique… Il n'a eu des nouvelles d'une chargée de mission qu'un mois plus tard, soit quelques jours avant le début du stage…

Tremplin a pris les choses en main, une conseillère a rencontré Pierre avec sa référente handicap de l'école. La conseillère lui a proposé de s'inscrire sur les sites de l'Agefiph et de postuler en candidat libre à plusieurs entreprises, et l'accompagnement s'est arrêté là. Alors on a compris que Pierre devait améliorer l'expression de ses besoins pour pouvoir être compris.

Heureusement, on le connaît notre fiston, et on avait pris les devants ! On avait contacté directement le pôle handicap de l'entreprise où travaillait son père. Après un premier entretien avec la responsable adjointe d'un magasin, il a été admis en stage à Paris, c'était une grande joie pour nous tous.

On a compris que les Dys ne sont pas toujours compris et que lorsqu'ils abordent la vie en entreprise, ils n'ont pas conscience des codes et des modes de communication et ne les maîtrisent pas. Ils ont encore besoin d'être coachés par quelqu'un qui connaît bien les conséquences de leur trouble, et en particulier pour les hyperactifs : la procrastination, l'impulsivité, le découragement lorsque quelque chose ne marche pas rapidement. La direction du magasin nous a tout de même confirmé que pour un job de vendeur il n'y avait pas de problème, mais qu'en fin de journée Pierre pouvait être moins concentré et présenter une forme d'hyperactivité. »

Cette association est en relation avec un réseau de 200 entreprises souvent prêtes à proposer des stages de formation en milieu ordinaire. « Tremplin » joue un rôle d'interface. Elle oriente l'étudiant, déjà en formation, vers une entreprise et l'entreprise vers l'étudiant.

À SAVOIR

Les limites du succès

« Tremplin » comprend un nombre toujours croissant d'usagers. Par conséquent, le service a été considéré comme décevant par quelques personnes. S'attendant à une meilleure prestation, plusieurs parents et jeunes travailleurs rencontrés au cours de notre enquête pour la rédaction de ce guide nous ont fait part des difficultés à obtenir des résultats concrets avec « Tremplin ». L'orientation n'est pas toujours la bonne, le choix de l'entreprise et le suivi parfois médiocres d'après certains témoignages. Pour autant, le réseau Tremplin figure parmi les structures incontournables et les plus reconnues de l'orientation, et fait aussi des heureux !

« Le Tremplin » (centre de formation)

Pour qui ?

« Le Tremplin » est un centre de formation mixte qui accueille à Paris 13e principalement des jeunes adolescents et adultes de 16 à 25 ans en situation de handicap mental, mais les portes sont ouvertes également pour des personnes qui ne se situent pas dans cette tranche d'âge, ni forcément dans ce type de handicap, pourvu qu'elles s'adaptent pour la vie de l'association et y trouvent leur intérêt.

Quel service proposé ?

« Le Tremplin » offre des stages de formation débouchant souvent sur des contrats, principalement dans le domaine de la restauration collective (écoles, secteur public).

Le quotidien

Pour « Le Tremplin », la formule fait alterner 2 jours de stage en entreprise et 3 jours au sein de l'association. Les jeunes passent donc trois jours par semaine à « Le Tremplin » dont :

- une journée consacrée à l'entretien des acquis scolaires (français, calcul, matières d'éveil, travaux manuels...),
- une journée de formation professionnelle (cuisine et travaux ménagers, mais aussi travail de l'autonomie dans les transports),

- une journée plus ludique et culturelle proposant des activités très variées, tels que des travaux manuels (petites réalisations simples...), expression artistique (théâtre, poésie, peinture, musique, conte...), catéchèse (pour les volontaires), club informatique (avec notamment la réalisation d'un journal trimestriel) et des sorties dans Paris et la proche banlieue (découverte du patrimoine culturel de Paris, expositions, cinéma...).

Certains élèves, dans une perspective d'embauche, peuvent être amenés à « déserter » progressivement « le Tremplin » au profit de l'entreprise afin de tester en réel leur capacité à intégrer un poste.

Comment rentrer ou s'inscrire à « Le Tremplin » ?

Les critères de recrutement pour « Le Tremplin » sont essentiellement d'ordre comportemental : c'est la capacité d'insertion du jeune dans le groupe et l'épanouissement qu'il en retire qui sont pris en compte, tout comme la capacité du groupe à intégrer le jeune.

Avant son entrée le postulant doit franchir deux étapes :

- un premier entretien, accompagné de ses parents, occasion d'une première prise de contact avec les locaux et ceux qui les occupent,
- une semaine d'essai qui constitue le moment de vérité et permet à l'intéressé de voir s'il se sent bien ou non dans l'établissement.

Il est à noter cependant, comme écrit plus haut pour ARPEJEH, que la démonstration de la motivation attendue par l'association est une difficulté particulière pour les jeunes dys.

INFOS

« Le Tremplin » ne bénéficiant d'aucune aide des pouvoirs publics, il est demandé une participation financière aux jeunes qui y sont accueillis.

Témoignage

Mathilde, en formation chez « Le Tremplin »

« Le lundi matin on travaille du français et des maths. L'après-midi, nous faisons du bricolage sinon on apprend les sciences et nous faisons des mots croisés. Le mardi c'est la journée de la cuisine et des travaux ménagers. Sur commande nous réalisons des petits fours pour les réunions et des anniversaires. Grâce à Tremplin nous pouvons faire des stages dans des écoles ou dans des restaurants d'entreprise. »

Pour en savoir plus

- **« Le Tremplin ».**
  Centre de formation et d'insertion pour jeunes adultes handicapés mentaux
  62, boulevard Vincent Auriol, 75013 Paris
  01 45 82 65 66
  http://och.fr/le-tremplin

- **Tremplin**
  2, rue du Docteur Lombard, 92130 Issy-les-Moulineaux
  Tel: 01 41 09 79 10/Mail: contact@tremplin-entreprises.org
  www.tremplin-handicap.fr

- **ARPEJEH**
  19, rue la Boétie
  75008 PARIS
  Tel: 01 79 97 28 52
  Mail: contact@arpejeh.com
  www.arpejeh.com

☛ **Voir aussi**

– Les Missions locales → p. 120

6. Les aides à l'embauche: les contrats aidés

Les entreprises peuvent être aidées pour l'embauche de travailleurs handicapés pour des contrats de professionnalisation ou lorsqu'elles mettent en place un tutorat. Créés dans les années 1990, les contrats aidés permettent aux entreprises de diminuer leurs coûts d'embauche et de formation. Les employeurs bénéficient d'aides qui peuvent prendre la forme de subventions à l'embauche, d'exonérations de certaines cotisations sociales ou d'aides à la formation.

Les contrats types

En 2014, 4 types de contrats aidés existent. Ces types de contrats aidés peuvent être une bonne opportunité pour l'adulte dys en recherche d'emploi en particulier s'il est détenteur de l'AAH et de la RQTH.

Le contrat de professionnalisation

Il s'agit soit d'un CDI, soit d'un CDD (éventuellement renouvelable une fois) de 6 à 12 mois en fonction de la durée des actions de formation (minimum théorique 150 heures).

Cette durée peut être portée à 24 mois pour les jeunes sortis du système scolaire sans qualification ou lorsque la nature de la certification visée l'exige.

Le titulaire d'un contrat de professionnalisation est un salarié à part entière de l'entreprise, qui bénéficie des mêmes conditions de travail que les autres salariés, dans la mesure où elles ne sont pas incompatibles avec les exigences de sa formation.

Le contrat de professionnalisation concerne :
- les jeunes de 16 à 25 ans révolus, qui veulent compléter leur formation initiale,
- les demandeurs d'emploi âgés de 26 ans et plus,
- les bénéficiaires du Revenu de Solidarité Active (RSA), de l'Allocation de Solidarité Spécifique (ASS) ou de l'Allocation aux Adultes Handicapés (AAH) ou les personnes ayant bénéficié d'un contrat unique d'insertion.

Le contrat de professionnalisation est un contrat qui alterne les périodes d'apprentissage d'enseignements généraux et technologiques en centre de formation et d'expérience pratique en entreprise.

Le rythme de l'alternance varie selon le secteur et le type de formation. La durée de la formation en centre de formation est généralement comprise entre 15 et 25 % de la durée du contrat (avec un minimum de 150 h). Par accord de branche, elle peut dans certains cas être portée au-delà de 25 % pour les jeunes.

L'objectif d'une formation en alternance qui se réalise dans le cadre d'un contrat de professionnalisation est d'intégrer le monde de l'entreprise, d'y devenir un professionnel et d'acquérir une certification enregistrée au répertoire national de la certification professionnelle (RNCP) ou une qualification reconnue dans les classifications d'une convention collective nationale de branche.

La rémunération perçue est fixée en pourcentage du SMIC et varie en fonction de l'âge du salarié et de son niveau de qualification au moment de l'embauche (pour les moins de 26 ans):
- de 16 à 25 ans révolus, entre 55 % et 80 % du SMIC selon l'âge et le niveau de qualification,
- à partir de 26 ans, 100 % du SMIC ou 85 % du salaire minimum conventionnel s'il est plus favorable.

Une convention est signée entre le salarié, l'employeur et l'organisme de formation. Elle définit les objectifs et le programme de formation, les modalités d'organisation et la certification recherchée.

Le salarié est suivi par un tuteur qui assure la liaison avec l'organisme de formation, veille au respect de l'emploi du temps du salarié, facilite la mise en place des modalités d'apprentissage et participe à l'évaluation du suivi de la formation.

Le contrat de professionnalisation peut faire l'objet pour l'entreprise d'aides de l'État, de Pôle emploi, et de l'Agefiph pour les travailleurs handicapés.

En 2013, l'essentiel des personnes en contrat de professionnalisation est au niveau Bac ou au-dessus (40 %) et 34 % ont un niveau en dessous (CAP). Les embauches ont lieu tout au long de l'année, mais il y a un pic en septembre. Vous serez plus en concurrence avec d'autres à ce moment-là.

Quels publics handicapés profitent de ce dispositif ?

Ces emplois aidés visent prioritairement des « publics cibles » et en particulier les salariés handicapés. La part des niveaux V (CAP, BEP) est faible, environ un tiers, pour quasiment tous les contrats (dans une moindre mesure toutefois pour les CAE). Cela montre un avantage d'accès aux contrats aidés pour les travailleurs handicapés les mieux formés.

L'obligation d'emploi en faveur des travailleurs handicapés

Tout employeur du secteur privé ou public d'au moins 20 salariés est soumis à l'obligation d'employer l'équivalent de 6 % de travailleurs handicapés.

L'employeur peut :
- embaucher en CDI, à temps plein ou à temps partiel mais également en contrat d'apprentissage ou de professionnalisation,
- verser une contribution financière à l'Agefiph ou conclure un accord d'entreprise dans lequel il a des obligations d'emploi,
- s'acquitter de son obligation en accueillant des stagiaires handicapés ou en concluant des contrats de sous-traitance avec des entreprises adaptées ou des ESAT.

Il ne faut donc négliger aucune piste de recherche en direction des petites entreprises.

Le niveau des amendes ou des contributions des employeurs (privés ou publics) qui ne s'acquittent pas de cette obligation ayant considérablement augmenté ces derniers temps, les travailleurs bénéficiant d'une RQTH sont beaucoup plus recherchés.

Les Dys reconnus travailleurs handicapés sont donc une nouvelle source d'embauche intéressante pour les employeurs.

Pour en savoir plus

- www.emploi.gouv.fr
- **Voir le site Internet de l'Agefiph, rubrique Entreprises** www.agefiph.fr
- **Lire le rapport *L'accès des personnes handicapées aux contrats aidés en Île-de-France* in Observatoire des dispositifs d'insertion des travailleurs handicapés en Ile-de-France, *Cahier d'études n° 3*, 2008,** www.handipole.org

7. Fédération Étudiante pour une Dynamique Études et Emploi avec un Handicap (FEDEEH)

La FEDEEH a pour objet de soutenir les initiatives étudiantes en faveur du handicap dans les établissements scolaires et les universités. Cette structure peut être intéressante pour un public dys ayant atteint un niveau d'études supérieures.

La FEDEEH mène plusieurs actions dont le tutorat, de la 3e à la terminale. Elle rassemble des bénévoles, issus d'associations étudiantes dédiées au handicap et de son réseau social d'étudiants et de personnes diplômées handicapées. Ses actions bénéficient de l'appui d'un Conseil technique dont les membres sont en général issus des structures spécialisées, des établissements supérieurs ou des experts.

Les actions

Les actions de la FEDEEH visent à conforter le parcours d'études et d'insertion professionnelle des jeunes handicapés : elle apporte des conseils techniques avec l'appui de plusieurs structures et de personnes ressources.

Les dispositifs dans les établissements

La FEDEEH met en place des actions de tutorat et de parrainage « handinamique » de jeunes cherchant un emploi ou à créer leur entreprise. Elle leur propose des séances d'information et de prise de contact avec le monde de l'entreprise au travers des « handicafés ». À la rentrée 2012, 15 établissements supérieurs étaient engagés dans toute la France,

150 jeunes ont été accompagnés et 60 étudiants tuteurs impliqués. L'un des enjeux majeurs de la FEDEEH est de déployer ce dispositif d'accompagnement d'élèves handicapés dans toutes les académies de France d'ici à 2015.

Se construire un réseau social

La FEDEEH soutient un mode de parrainage fondé sur la « pairémulation » (apprentissage de l'autonomie par les pairs). Les dispositifs mis en place permettent des rencontres conviviales d'employeurs et de jeunes handicapés, généralement dans le cadre des forums entreprises des établissements d'enseignement supérieur.

La FEDEEH sensibilise

Enfin la FEDEEH organise des cycles de réflexion handinamique pour l'emploi des jeunes handicapés : réunions de travail avec les parties prenantes de la politique handicap des établissements d'enseignement supérieur autour de l'accompagnement et de l'accès aux études et à l'emploi des jeunes handicapés. Le programme intitulé « communauté étudiante handinamique » soutient par exemple la création et la pérennisation d'associations étudiantes dédiées au handicap et le développement d'activités de socialisation entre étudiants handicapés ou non.

Pour en savoir plus

- **Fédération Étudiante pour une Dynamique Études et Emploi avec un Handicap**
  14, rue Scandicci
  93508 Pantin (siège)
  Tel : 01 77 37 38 93
  Mail : bureau@fedeeh.org
  www.fedeeh.org

8. La fonction publique

Le secteur public est soumis, comme les entreprises privées de plus de vingt salariés, à l'obligation d'emploi d'au moins 6 % de travailleurs handicapés et, comme beaucoup d'entreprises, la fonction publique est en dessous des quotas obligatoires même si elle tente année après année de rattraper son retard[7].

Intégrer la fonction publique

La voie normale pour intégrer la fonction publique est le **concours**. Les étudiants handicapés peuvent bénéficier d'aménagements d'épreuves, sur avis du médecin agréé de l'administration.

Il existe également, pour tous les emplois (catégories A, B et C) une voie de recrutement dérogatoire, par **contrat**, dite « voie contractuelle réservée aux personnes handicapées ». Les personnes sont alors recrutées par contrat d'une durée égale à celle du stage prévu pour un agent de l'État, à l'issue duquel elles sont titularisées, si elles sont jugées professionnellement aptes.

L'apprentissage dans les fonctions publiques (d'État, territoriale ou hospitalière) est encore trop peu connu. Le nombre de contrats d'apprentissage signés a pourtant fortement augmenté récemment. Cette voie de l'apprentissage devient un bon moyen d'intégrer le secteur public, surtout si l'on souhaite s'inscrire dans une vision à long terme, c'est-à-dire « faire carrière » dans ce secteur.

Les conditions d'accès

Le candidat handicapé doit remplir les conditions habituelles d'entrée dans la fonction publique (nationalité, casier judiciaire, titre et diplômes) et doit en plus :

7. Taux d'emploi 2012 : 4,4 % environ pour l'ensemble de la fonction publique (mais attention le mode de calcul peut différer du secteur privé, donc on ne peut pas dire que la fonction publique intègre plus de personnes handicapées que le privé).

– avoir obtenu la RQTH (Reconnaissance de la qualité de travailleur handicapé) sur décision de la CDAPH (Commission des droits et de l'autonomie des personnes handicapées),

– être reconnu apte physiquement à exercer la fonction postulée, par le médecin agréé chargé de l'examen médical de recrutement.

INFOS

Il n'y a aucune limite d'âge maximum pour les candidats reconnus travailleurs handicapés.

Première voie de recrutement : le concours

C'est la voie normale d'entrée dans la fonction publique.
Rappelons qu'il existe trois niveaux de concours :
- niveau A : ouvert aux diplômes au moins équivalent à la licence (Bac +3),
- niveau B : ouvert aux diplômes au moins équivalent au Bac,
- niveau C : ouvert sans condition de diplôme ou aux titulaires de CAP et BEP.

À SAVOIR

Attention !

Les candidats aux concours de niveaux B et C sont titulaires de diplômes parfois très supérieurs au minimum requis. Par exemple, un concours ouvert à des candidats titulaires du Bac accueille en général de nombreux candidats de niveau Bac +2 à Bac +4, ce qui, dans la pratique, laisse peu de chance à ceux qui n'ont que le niveau minimal demandé, même avec des aménagements possibles. Ces aménagements sont ceux habituellement proposés pour les examens de l'Éducation nationale : un temps pour la rédaction majoré d'un tiers, la possibilité d'utiliser un ordinateur et l'assistance d'un secrétaire choisi par l'administration qui écrit sous la dictée du candidat. Bien vérifier cependant, car certaines administrations ne semblent pas appliquer ces aménagements aux examens ou aux concours.

Le calendrier prévisionnel des concours de la fonction publique d'État est publié chaque année au Journal Officiel. Il figure aussi sur le site Internet : **www.fonction-publique.gouv.fr**. Des avis sont encore affichés dans certaines agences pour l'emploi (Pôle emploi, Missions locales ou CIO) et administrations (mairies, etc).

Au moment de son inscription au concours, la personne handicapée devra préciser les aménagements qui auront été prescrits par le médecin agréé.

La deuxième voie de recrutement : le contrat

La voie contractuelle est sans doute le meilleur accès à la fonction publique pour des candidats atteints de troubles du langage et des apprentissages.
Il existe une voie contractuelle réservée aux personnes handicapées qui leur permet de devenir fonctionnaire à part entière en deux ans. Le candidat est embauché d'abord pour une durée d'un an, exceptionnellement renouvelable une fois, puis titularisé s'il a été jugé apte. Il devient alors un fonctionnaire avec tout ce que ce statut implique.
Le recrutement se fait sur dossier, soit sur la base du niveau de formation du candidat, soit sur son expérience professionnelle.

Pour se renseigner et postuler, il faut s'adresser :
- pour la fonction publique d'État : à la MDPH ou aux directions du personnel des Directions Départementales ou Régionales des administrations. Il existe quelquefois un référent handicap dans les Directions Départementales.
- pour la fonction publique territoriale (mairie, conseils généraux…) : aux directions des personnels des conseils régionaux et généraux, des mairies. Les municipalités des grandes villes ont toujours un adjoint responsable des questions de handicap.
- pour la fonction publique hospitalière : aux directions du personnel des hôpitaux concernés.

Les entreprises publiques

La Poste, le CNRS, Météo France, SNCF, etc. sont aussi des employeurs. Dans le secteur public, l'Office National des Forêts (ONF) fait partie de ceux qui recrutent, suivant les années, le plus de travailleurs handicapés.

Pour les entreprises publiques aussi le **recrutement par voie directe** est une voie dérogatoire exclusivement réservée aux travailleurs handicapés. Selon cette procédure, après accord de la CDAPH, le candidat est recruté sur un poste vacant, sur la base d'un contrat de 1 an renouvelable une fois. À la fin du contrat et après un entretien à caractère professionnel, s'il a donné satisfaction, le candidat est titularisé et devient fonctionnaire.

Témoignage

Hasnae, 28 ans, dyslexique, agent de maîtrise au conseil général de Lyon

« Après l'obtention de mon Bac action communication administrative, j'ai eu un premier employeur dans le privé, mais j'ai vite perçu que ce serait difficile de grimper les échelons. J'ai donc décidé de passer des concours pour pouvoir évoluer dans la fonction publique. J'ai, à ce moment là, eu la chance de rencontrer un agent du conseil général qui m'a proposé d'effectuer un stage au département. Suite à ce stage tout s'est accéléré. On m'a proposé de poser ma candidature pour un contrat au conseil général. Après quelques entretiens, on m'a offert un poste de secrétaire au service Enfance du conseil général de Givors (69). J'avais donc atteint le grade d'Adjoint administratif. En parallèle je venais tout juste d'obtenir mon statut RQTH. Ils m'ont, dès lors, proposé un aménagement de poste, avec notamment l'installation, pour moi, du logiciel Médialexie (qui offre une assistance à la lecture et à l'écriture). J'ai obtenu cet aménagement quelques mois après ma prise de poste. Je trouve que le conseil général du Rhône est très réactif et souvent en avance sur la prise en compte de ce type de handicap.

Au niveau des aménagements spécifiques, je suis aujourd'hui encore aidée d'un logiciel au bureau et grâce au renouvellement de ma RQTH, j'ai obtenu un tiers temps supplémentaire pour passer mon concours de rédacteur. Sans cet aménagement je n'aurai jamais eu le concours. Ça m'a par exemple permis de corriger mes fautes d'orthographe au moment de l'épreuve de "la note de synthèse" et de mettre plus de chance de mon coté en étant rassurée et moins pénalisée. Aujourd'hui je suis Agent de maîtrise mais je vise le grade d'Attaché territorial. Oui, je m'y prépare à ce concours. Je pense pouvoir le passer dans 3 ans, c'est atteignable, et ça vaut le coup. »

Pour en savoir plus

- **On peut télécharger la brochure *Le recrutement des travailleurs handicapés dans la fonction publique* sur le site Internet du ministère :** **www.fonction-publique.gouv.fr**

☛ **Voir aussi**

- Les grandes entreprises → p. 154
- Les petites entreprises → p. 156
- La MDPH → p. 34
- La RQTH → p. 185

9. L'Agefiph

L'Agefiph (Association pour la Gestion des Fonds pour l'Insertion Professionnelle des Personnes Handicapées) gère les fonds ou contributions venant des entreprises de plus de 20 salariés qui n'emploient pas le quota de 6% de travailleurs handicapés.

INFOS

Les employeurs peuvent s'acquitter partiellement de leur obligation d'emploi de travailleurs handicapés en accueillant en stage des personnes handicapées, dans la limite de 2 % de l'effectif total des salariés de l'entreprise. La durée du stage ne peut être inférieure à 40 heures.

Elle peut et doit financer l'insertion professionnelle des travailleurs handicapés. L'Agefiph intervient dans de nombreux domaines concernant l'insertion professionnelle, mais son action est rarement en lien direct avec la personne handicapée. Elle assure surtout le financement de dispositifs mis en œuvre par d'autres structures. C'est ainsi que le réseau Cap emploi est une émanation de l'Agefiph pour l'accompagnement des personnes handicapées en matière d'insertion professionnelle.

On peut être amené à contacter l'Agefiph dans deux circonstances :

- pour trouver des informations dans une région déterminée,
- pour solliciter un financement pour l'emploi ou la formation.

Au sein de ses 20 délégations régionales, l'Agefiph connaît les organismes d'aide à l'emploi des travailleurs handicapés. En s'adressant à la Délégation Régionale de l'Agefiph, on obtiendra l'adresse de l'organisme le plus en mesure d'aider le jeune en recherche d'emploi : Cap emploi, Programme Régional d'Insertion des Travailleurs Handicapés (PRITH) ou encore les dispositifs destinés à faciliter le passage du milieu protégé vers le milieu ordinaire, et aussi les organismes spécialement destinés aux jeunes, existants dans certaines régions.

Demande de financements à l'Agefiph

L'Agefiph peut apporter son aide financière :

- à l'employeur de la personne handicapée,
- à la personne elle-même,
- à un organisme de formation ou de bilan,
- à une structure du milieu protégé.

Voici un tableau qui récapitule les domaines d'action de l'Agefiph et les bénéficiaires potentiels :

Tableau récapitulatif des domaines d'action de l'Agefiph et des bénéficiaires potentiels				
	A	B	C	D
Information et sensibilisation	X			
Diagnostic et conseil	X			
Bilan d'évaluation et d'orientation	X	X		
Mise à niveau et mobilisation		X		
Formation professionnelle	X	X	X	
Aides à l'apprentissage	X	X	X	
Aides à la formation en alternance	X	X	X	
Soutien et suivi de l'insertion	X	X		
Aides techniques et humaines	X	X	X	
Aménagement des situations de travail	X			
Accessibilité des lieux de travail	X		X	
Détachement en entreprise	X			X
Rapprochement milieu protégé/milieu ordinaire	X			X

A : Les entreprises privées ; B. Les personnes reconnues « travailleurs handicapés » et insérées en milieu ordinaire ; C. Les opérateurs médiateurs (Cap emploi, organisme de formation, de bilan...) ; D. Le milieu protégé

Pour en savoir plus

- **Site Internet utile aux personnes dans l'emploi, en recherche d'emploi mais aussi pour les managers, les RH, etc. Début 2014, le site proposait 27 000 offres d'emploi.**
  www.agefiph.fr
  L'Agefiph a aussi un service, Alther, dédié à la mise en place de services adaptés, tous les renseignements sur le site de l'Agefiph.

☛ Voir aussi

- Cap emploi → p. 118

10. Je crée mon emploi

Chaque personne handicapée qui souhaite créer son entreprise peut le faire. Et se faire aider. Mais comment?

Les aides de l'Agefiph

L'aide financière de l'Agefiph peut être sollicitée lors de la création d'une entreprise.

Tout d'abord, il convient de vérifier, avec un conseiller de Cap emploi ou de Pôle emploi, le réalisme du projet. S'il semble viable, l'Agefiph soutiendra le démarrage de l'activité en versant une aide d'un montant maximal de 12 000 euros, destinée à venir compléter les différents financements déjà mobilisés par le créateur : emprunt bancaire, aides diverses et apport personnel d'au moins 1 525 euros.

Le niveau de l'aide est déterminé en fonction de la nature du projet et des investissements nécessaires à sa réalisation. Elle peut prendre la forme d'une participation à une formation à la gestion pouvant atteindre jusqu'à 250 heures et d'une participation au suivi de l'entreprise par un organisme spécialisé, d'une durée de 3 ans. L'Agefiph propose aussi des aides qui allègent les surcoûts liés au handicap.

La procédure

Pour que les aides de départ soient bien versées, l'Agefiph doit être sollicitée avant l'inscription au Centre de formalités des entreprises (CFE). Ces aides peuvent tout à fait se cumuler avec les autres aides de l'État.

Un dossier est à remettre à l'Agefiph de votre région et doit comporter les éléments suivants : un exposé détaillé du projet de création d'activité, l'étude de marché et, le cas échéant, le contrat de franchise, l'indication du lieu d'activité et la date prévue du démarrage, le projet de statuts de la société, le CV du dirigeant ainsi que la copie du document qui vaut reconnaissance du handicap de la personne visée.

Les autres aides possibles

Les demandeurs d'emploi, salariés licenciés, jeunes, personnes en difficulté peuvent également bénéficier de certaines aides de l'État pour mener à bien leur projet de création d'entreprise. Ces aides prennent différentes formes comme l'exonération de cotisations sociales, ou l'attribution d'une aide financière dans le cadre du dispositif EDEN (Encouragement au développement d'entreprises nouvelles) sous forme d'un prêt à taux zéro.

À qui s'adresser ?

C'est à la délégation régionale de l'Agefiph qu'il faut s'adresser, qui communiquera au créateur les coordonnées de l'organisme local chargé de l'étude et du montage du projet. Le dossier de demande d'aide est téléchargeable sur le site Internet www.agefiph.fr.

Vous pouvez prendre contact avec un professionnel qui vous apportera des aides et des conseils pour la réalisation de votre projet. Vous trouverez les coordonnées du conseiller le plus proche de chez vous sur l'annuaire du site Internet de l'Agefiph.

Témoignage

Sandrine, 25 ans, Lyon, dyslexique et dysphasique :
« J'ai créé mon atelier de tapisserie »

« J'ai créé un atelier de "Tapisserie – sièges" spécialisé dans la réfection complète de fauteuils anciens. Je travaille essentiellement à partir d'une carcasse de bois et, de là, je m'occupe de la garniture et de tout l'intérieur. Je fais tout : les sangles, les tissus. Je n'ai pas d'employé mais je m'en sors bien malgré mon léger handicap.
Tout a commencé quand j'ai quitté la scolarité générale en 3e. Ce n'était pas facile, les professeurs ne comprenaient pas mes difficultés. C'est d'ailleurs pour cela qu'en intégrant une filière professionnelle, je considérais que j'avais plus de chance de m'en sortir. Je me suis alors dirigée vers une filière plus manuelle, du fait de mes lacunes à l'écrit. J'ai obtenu mon CAP, puis un BAC professionnel spécialisé en tapisserie siège à Autun, en Bourgogne pour ensuite intégrer une formation en alternance de vendeur-conseil, à Lyon. C'est vraiment ici, à Lyon, que j'ai eu l'idée de créer mon propre atelier. La vente, la relation avec le client, tout cela me plaisait beaucoup.

Témoignage (suite)

Aujourd'hui, mes parents m'apportent une aide précieuse, notamment pour la partie administrative : les devis, la comptabilité, la correction des fautes. Chaque jour, je suis obligée de récupérer mon retard, si bien que je profite de ma pause de midi pour rédiger les devis et mes parents me relisent le soir.

La lenteur est ma plus grosse difficulté. Je sais que mes gestes sont plus lents que les autres personnes. Même pour faire les fauteuils, je mets plus de temps que les autres. Il faut vraiment que j'accélère la cadence ; mais ça viendra avec le temps, j'en suis sûre.

À l'oral, devant le client ou le fournisseur, j'arrive bien à m'expliquer. Je m'exprime parfaitement même si, parfois, je cherche mes mots ou j'essaye de faire attention, car ce ne sont pas forcément les bons mots qui sortent de ma bouche.

J'ai juste une reconnaissance orthophoniste. Je ne vois plus de spécialiste mais si j'en ai besoin mon ancienne orthophoniste peut attester que je suis bien dyslexique. Tout cela me rassure dans le portage de cette entreprise.

Ce qu'il me faut maintenant c'est quelqu'un qui m'aide au niveau des tâches administratives, vous verriez ma pile de papiers qui s'empile… Oui, ce ne serait pas un luxe, puisque c'est un vrai souci pour moi. Malgré tout, mon métier me plaît. Je sais le faire et je le fais bien. »

Pour en savoir plus

- **Tous les renseignements sur le site Internet de l'Agefiph :**
  www.agefiph.fr
  Pour identifier les aides de l'agence pour la création d'entreprise :
  www.apce.fr (rubrique « les aides »)
- **APCE (Agence pour la création d'entreprise)** : des informations utiles dans la base de données des appuis à la création et à la reprise d'entreprises
  www.apce.com

11. L'Entreprise Adaptée

La dénomination Entreprises Adaptées désigne ce que l'on appelait précédemment les « Ateliers Protégés » ou les « Entreprises de travail protégé ». Ces appellations concernent le même type de structures adaptées aux possibilités du travailleur. Mais l'Entreprise Adaptée (EA) est une entreprise à part entière du marché du travail, ce qui la différencie de l'ancien « atelier protégé » auquel elle succède et qui relevait du secteur de l'emploi protégé. Elle offre un travail protégé dans un milieu ordinaire.

Les Entreprises Adaptées comptent au moins 80 % de travailleurs handicapés dans leur personnel. Elles sont soumises à la concurrence et donc aux lois du marché pour leur fonctionnement, mais perçoivent des subventions. Les travailleurs en Entreprises Adaptées sont, eux, soumis au droit du travail, comme n'importe quel salarié, qu'il s'agisse de durée hebdomadaire du travail, de licenciement ou de congés payés. Les différences avec les entreprises classiques sont l'aménagement technique des postes de travail et l'encadrement adapté et personnalisé proposé.

À SAVOIR

Une Entreprise Adaptée peut être une association ou une société commerciale sous la responsabilité d'un organisme gestionnaire.
Les Entreprises Adaptées reçoivent des aides et doivent obtenir un agrément délivré par le ministère de l'Emploi.
En Entreprise Adaptée, le salaire ne peut être inférieur au SMIC.

Les salariés des Entreprises Adaptées travaillent au sein de la structure, mais peuvent aussi être mis à disposition dans les entreprises clientes. Ceci peut constituer, si l'insertion réussit, un passage vers les entreprises classiques. Ce détachement se fait par contrat d'un an maximum renouvelable une seule fois.

À SAVOIR

Les CDTD

Les Centres de Distribution de Travail à Domicile (CDTD) proposent des travaux manuels ou intellectuels à effectuer à domicile. Ils sont principalement conçus pour insérer les personnes qui ne disposent pas d'une mobilité suffisante pour se rendre tous les jours sur leur lieu de travail mais qui sont assez autonomes dans l'organisation de leurs activités.

Public concerné et à qui s'adresser?

Sont concernées les personnes bénéficiant de la reconnaissance de la qualité de travailleur handicapé (RQTH) et orientées par la CDAPH vers le milieu ordinaire. C'est donc à la MDPH qu'il faut s'adresser. Il peut s'agir de personnes sortant d'ESAT, d'IME ou changeant d'entreprise mais aussi de personnes directement orientées par le Pôle emploi ou les Cap emploi.

Pour en savoir plus

- **Voir les centres de distribution de travail à domicile (CDTD)**
  www.travail-emploi.gouv.fr **rubrique travailleurs handicapés**
- **Handirect: entreprise adaptée spécialisée dans les activités informatiques telles que la saisie, etc.**
  www.handirect.com
- **Annuaire par zone géographique et informations complémentaires sur:**
  www.action-sociale.org
- **Le site Internet de l'Union Nationale des Entreprises Adaptées**
  www.unea.fr
  www.service-public.fr

12. Les Chambres Consulaires (Chambres des métiers, chambres de commerce et d'industrie, chambres d'agriculture)

On appelle « chambres consulaires » les différentes organisations professionnelles inscrites au sein des chambres suivantes :
– la Chambre des métiers, pour l'artisanat, qui regroupe les entreprises correspondant à des secteurs précis,
– la Chambre de commerce et d'industrie pour l'ensemble des entreprises,
– la Chambre d'agriculture pour les activités de l'agriculture, de l'élevage.

Les chambres consulaires connaissent bien le tissu économique local et les secteurs qui recrutent.

Au sein de leurs structures départementales, les chambres consulaires disposent de conseillers (environ 10 000 en France) qui accueillent et orientent plus d'un million de personnes chaque année.

Elles peuvent aider les Dys dans leur recherche d'emploi, en particulier auprès des petites et moyennes entreprises. Presque toutes les chambres des métiers ont créé des Centres d'Aide à la Décision.

Un interlocuteur privilégié

Les chambres de métiers et de l'artisanat sont des interlocuteurs pertinents pour accompagner les chercheurs d'emploi, les créateurs ou les chefs d'entreprises artisanales à chaque étape : préparation à l'installation, suivi et accompagnement dans les diverses formalités de création et de développement.

Par ailleurs, les chambres consulaires gèrent des Centres de Formation des Apprentis (CFA), qui sont souvent bien en phase avec la demande des employeurs de leur bassin d'emploi. Elles connaissent le tissu économique local et les secteurs qui recrutent. Elles peuvent ainsi aider à la recherche d'un emploi ou d'un stage en particulier auprès des petites et moyennes entreprises (PME). Pour ce faire, elles organisent des réunions d'information, des entretiens individuels, des stages de préparation à l'installation, des formations longues et une aide aux formalités administratives.

Les chambres des métiers

Les chambres des métiers fédèrent, par département, les métiers de l'artisanat. Rappelons ici que plus de la moitié des travailleurs handicapés sont employés par des entreprises de moins de 20 salariés. Parmi elles, les entreprises de l'artisanat ont une place importante. L'Assemblée Permanente des Chambres des Métiers (APCM) est l'organisme national qui réunit toutes les chambres des métiers.

À SAVOIR

Les Centres d'Aides à la Décision

Presque toutes les chambres des métiers ont mis en place un Centre d'Aide à la Décision (CAD). Ces Centres conseillent et aident à l'orientation des jeunes intéressés par l'apprentissage. Des informations sont disponibles sur les métiers et leurs évolutions, les secteurs d'activité, les qualifications et les filières de formation. Les chambres de métiers aident aussi les jeunes dans la recherche d'une entreprise et d'un Maître d'Apprentissage. Ce préalable est indispensable, puisque le contrat d'apprentissage est signé entre le jeune et l'employeur. C'est l'employeur qui inscrit le jeune au Centre de Formation des Apprentis.

Les chambres de commerce et d'industrie (CCI)

Il existe des chambres de commerce et d'industrie dans toutes les plus grandes villes de France. Les CCI sont soit régionales, soit départementales, soit interdépartementales : leur géographie est à géométrie variable. Les CCI proposent des services d'orientation, de bilan de compétences individuel ou collectif qui permettent de préciser les projets d'un jeune à la recherche d'une formation. Selon les CCI, ces organismes portent des noms différents : BIOP à Paris, SIOP à Versailles, etc. Les CCI forment à des métiers de niveaux de qualification souvent plus élevés que les chambres des métiers.

Les chambres d'agriculture

Elles sont impliquées dans la formation des jeunes par le biais des lycées agricoles et des Maisons Familiales Rurales. Contrairement aux autres chambres consulaires, les chambres d'agriculture ne gèrent pas de CFA, les formations en apprentissage étant intégrées dans les établissements agricoles (lycées).

Pour en savoir plus

- **Site Internet des chambres des métiers et de l'artisanat:** www.artisanat.fr
- **Site Internet des chambres de commerce et d'industrie:** www.cci.fr

13. Établissement et Service d'Aide par le Travail (ESAT)

Les Établissements et Services d'Aide par le Travail (ESAT), anciennement Centres d'Aide par le Travail (CAT) sont, avec les Entreprises adaptées (EA), l'un des deux types de structures dites d'« emploi protégé », mais, contrairement aux EA, ils sont réservés aux travailleurs handicapés orientés par la CDAPH vers le milieu protégé. Les ESAT sont donc destinés aux personnes handicapées qui n'ont pas assez d'autonomie pour travailler en milieu ordinaire, y compris en entreprise adaptée.
Deuxième différence majeure, alors que les travailleurs des EA sont des salariés, ceux des ESAT ne le sont pas. Le travailleur handicapé intégré à un ESAT n'a pas le statut d'employé salarié. Il ne peut être licencié mais il peut être suspendu si son comportement peut nuire à sa santé, sa sécurité ou celle des autres. Il est rémunéré suivant

des règles spécifiques au « contrat de soutien et d'aide par le travail ». Une partie de cette rémunération est prise en charge par l'État.

L'orientation en ESAT se fait par la CDAPH de la MDPH de votre domicile.

Principe

Les ESAT sont des établissements médico-sociaux, financés par l'aide sociale de l'État. Ils apportent aux personnes handicapées une activité professionnelle, souvent par atelier, accompagnée d'un soutien en matière sociale, éducative, médicale et psychologique. Les travailleurs handicapés dont la capacité de travail est inférieure au tiers de la capacité normale (ou supérieure à ce tiers mais nécessitant un accompagnement médical, social ou éducatif) peuvent être orientés par la MDPH vers un ESAT.

Les types d'activités proposées

Le travail proposé en ESAT tente de s'adapter au handicap des personnes accueillies. Les activités concernent essentiellement les secteurs d'activités dédiés aux espaces verts, aux services à la personne, au ménage, à la blanchisserie, au conditionnement pour la distribution. Dans certains cas, l'ESAT oriente les travailleurs vers le milieu ordinaire.

Statut des personnes et revenus

Depuis le 1er janvier 2007, la rémunération garantie est comprise entre **55 % et 110 % du SMIC**. Le dispositif de « garantie de ressources des travailleurs handicapés » (GRTH) a cessé d'être applicable ; en contrepartie, les employeurs bénéficient d'une aide à l'emploi. La rémunération garantie perçue par le travailleur peut se cumuler avec l'AAH.

Le travailleur handicapé ne perçoit plus un salaire réduit complété par un complément de ressources mais une rémunération garantie globale versée par l'ESAT (dont une aide au poste versée par l'État).

« L'ESAT hors les murs »

Les ESAT classiques permettent aux personnes de travailler en ateliers quand certains ESAT, et notamment les ESAT hors les murs, visent un accompagnement en milieu ordinaire de travail par le biais de la mise à disposition. L'ESAT hors les murs peut constituer une période transitoire bénéfique d'intégration dans le monde du travail : l'accompagnement des missions en entreprise par un coach de l'ESAT et un tuteur en entreprise peut être rassurant pour un jeune Dys.

Ce sont ainsi 356 mises à disposition pour une durée moyenne de 4 mois qui ont été signées en 2010. La disparité la plus marquante apparaît au regard de la différence de niveau de formation constatée. Le dispositif même de l'ESAT hors les murs implique que les travailleurs y restent moins d'un an (près de 40 % des cas). D'une manière générale, les ESAT hors les murs sont portés par des associations nationales comme l'ADAPT ou l'UNAPEI. Ce sont les deux budgets : le budget de fonctionnement et celui de production (prêt de main d'œuvre) qui permettent de verser un salaire aux stagiaires ou aux travailleurs en contrat d'apprentissage.

Les ESAT en chiffres (2010)
Comparaison ESAT classique et ESAT hors les murs

	ESAT classiques	ESAT hors les murs
Rapport hommes/femmes	60 % - 40 %	70 % - 30 %
Bénéficiaires d'un logement autonome	36 %	82 %
Pourcentage de personnes illettrées	20 %	1 %
Niveau de qualification IV atteint	4 %	32 %
Durée dans l'établissement	Plus de 5 ans pour 51 % des cas	Moins d'un an pour 40 % des cas

Chiffres « Trajectoire Emploi », Adapei92.

Au final, ce type d'ESAT propose un accueil bref, d'une durée d'environ un an pour des profils diplômés et/ou qualifiés et parfaitement autonomes.

Témoignage

Marc Mermet, membre du conseil d'administration de l'ESAT hors les murs de Sèvres, ouvert depuis 2011 : « Nos usagers n'ont pas vocation à rester au sein de l'ESAT, il y a systématiquement une orientation hors les murs. »

« Notre ESAT est un projet porté par l'AIH, l'association de parents que je préside et la structure gestionnaire : l'Adapei 92. Notre ESAT s'est jumelé avec un SESSAD Pro. Nous sommes dans les mêmes locaux, avec

Témoignage (suite)

le même Directeur (rattaché au SESSAD). Cela facilite le recrutement de jeunes travailleurs.

Nous accueillons 20 personnes en session ou en file active pour une période d'environ deux ans au sein de l'ESAT. On est ouvert à un large public et plutôt spécialisé à tout ce qui renvoie à la sphère du cognitif et on s'adapte au profil de la personne ; trouble du langage ou pas, nous on s'adapte ! Nos critères sont clairs : autonomie, mobilité, savoir lire et écrire. Notre objectif est de les mettre dans l'emploi, c'est-à-dire qu'ils signent un contrat pérenne dans l'entreprise qu'on leur trouve, mais ce n'est pas dans tous les cas aussi simple.

En fait, nos ateliers de production sont les entreprises elles mêmes. Il n'y a pas d'atelier au sein de l'ESAT. Ici, ce ne sont que des bureaux ; le secrétariat en quelque sorte. Notre rôle, c'est l'orientation. On oriente principalement dans les secteurs qui accueillent le plus comme : la restauration, le BTP. Mais il faut bien l'avouer, les postes faciles à trouver sont des postes pénibles (tâches, taux horaires, trajets, etc.) et les personnes ont, dans ce cas, du mal à tenir.

Par conséquent, on doit faire des essais, voir quelles sont les activités et quelles compétences peuvent plaire au stagiaire et comment on va l'aider à s'approprier le poste. On les accompagne dans toutes les périodes : stage, mise à disposition, période d'adaptation qui aboutit normalement à la signature d'un contrat (CDD, CDI) et le départ de l'ESAT.

Cela dit les mentalités n'ont pas tellement évolué, on ressent toujours la frilosité des entreprises vis-à-vis du recrutement du personnel handicapé. On est encore loin d'accueillir à bras ouvert ces personnes là. Pourtant, dès l'école on commence à voir des avancées : les lycées pro s'y mettent progressivement, mais le monde du travail n'est pas suffisamment ouvert. »

14. Les grandes entreprises

Les grandes entreprises, parce qu'elles proposent des gammes de métiers très variées, peuvent offrir des opportunité d'emploi pour les Dys. Elles disposent, en plus, souvent d'une "mission handicap" qui a pour but de favoriser le recrutement et le maintien

dans l'emploi des salariés handicapés. Ces Missions handicap, souvent présentes sur les salons, peuvent vous aider à évaluer les possibilités d'emploi, mettre en place un stage, aménager le poste de travail, accéder à une formation, etc.

Des secteurs variés

Les différentes enquêtes montrent que tous les secteurs professionnels semblent accessibles aux Dys : les métiers de l'informatique, les métiers de la santé et des services à la personne, les métiers de la nature et des espaces verts, les métiers de la création, les métiers de la restauration, mais ceux aussi de la logistique dans l'industrie.

Une autre enquête menée en 2011 par la FFDys[8] auprès d'adultes dans l'emploi ou de leurs familles et d'associations locales recensent les métiers et secteurs d'activité suivants : éducation, production d'énergie, travaux publics, cuisine, maison de retraite, aménagement du territoire, services communaux, agriculture, espaces verts, pâtisserie-boulangerie (mais attention la pâtisserie exige de l'habileté et de la rapidité à la fois, il y a de nombreux échecs), vente, laboratoire, parcs et jardins, etc.

INFOS

Des témoignages cependant montrent que le secteur de la petite enfance est parfois difficilement accessible car les structures peuvent décider de ne pas confier des enfants à des adultes dys.

Des exemples de grandes entreprises engagées dans l'insertion professionnelle des Dys

De grandes entreprises, selon l'enquête menée de 2007 à 2014 par la FFDys, ont intégré des Dys ou manifesté de l'intérêt pour la cause de l'emploi des Dys. Il s'agit de : Alcatel Lucent (**www.alcatel-lucent.com**), Subsea 7 (**www.subsea7.com**), Cap Gemini (**www.capgemini.fr**), RANDSTAD (**www.randstad.com**), Adia (**www.adia.fr**), Essilor (**www.essilor.com**), DCNS (**www.dcnsgroup.com**), Technip (**www.technip.com**), Spie (**www.spie.com**),

8. *Les Dys dans l'emploi, Enquêtes et témoignages*, FFDys, 2011. **www.ffdys.fr**

Sodexo (www.sodexo.com), Flo prestige (www.floprestige.fr), AREVA (www.areva.com, partenaire de la Journée nationale des Dys depuis 2007), Thales (www.thales.com, partenaire de la Journée nationale des Dys depuis 2007), BNP PARIBAS (www.bnpparibas.com), Société Générale (www.societegenerale.com), Crédit agricole (www.credit-agricole.com, partenaire de la Journée nationale des Dys depuis 2007), SNCF (www.sncf.com), EDF (www.edf.com), Groupama (www.groupama.com), Air liquide (www.france.airliquide.com et sa filiale Orkyn, www.orkyn.fr), Éditions Belin (www.belin.fr), etc.

Il y a bien d'autres employeurs privés et publics, mais ceux de cette liste ont intégré des Dys ou manifesté leur intérêt pour la cause de l'emploi des Dys.

À SAVOIR

Dans les grandes entreprises, adressez-vous à la mission handicap ou diversité. Elle gère le recrutement et le maintien dans l'emploi des travailleurs handicapés. Vous y serez bien accueillis.

Pour en savoir plus

- **« Histoire de comprendre les Dys en entreprise »,** www.ffdys.fr
- **Accès à de nombreuses offres d'emploi sur le** www.hanploi.com
- www.atalentegal.fr, **association créée par Alcatel et Safran pour accompagner les étudiants handicapés**

15. Les petites entreprises

Les entreprises de moins de 20 salariés ne sont pas soumises à l'obligation de recruter des personnes handicapées, pourtant ce sont elles qui les emploient le plus (60 % des travailleurs handicapés sont dans des PME).

Trouver son entreprise, dans ce domaine, c'est souvent l'affaire d'une rencontre avec un employeur. Le « patron » dans une petite entreprise est souvent à la fois le maître d'apprentissage du jeune, son supérieur, voire son collègue de travail de tous les jours. Les possibilités d'emploi d'un jeune en situation de handicap dépendent de la personnalité de l'employeur.

Il n'y a pas de règles ou de mode d'emploi pour trouver le « bon patron ». Il faut même parfois faire quelques erreurs pour finir par rencontrer la perle rare. On trouvera des informations utiles auprès des Chambres Consulaires qui sont les organisations locales qui regroupent les entreprises.

Témoignage

Quand la femme du patron a une sœur handicapée, ça aide !

« Gwenaëlle a été prise en charge dans un établissement destiné en principe aux jeunes sourds. La pédagogie était assez adaptée à ses difficultés. C'est maintenant qu'elle a vingt ans et qu'il faut envisager la sortie, que les problèmes se posent. Elle a fait des stages en entreprise, mais comme c'était des stages non rémunérés, les employeurs ne lui demandaient pas grand chose. Elle est gentille, souriante, alors personne ne lui reprochait rien, elle était là, mais son stage ne lui était pas vraiment profitable.

Elle a essayé toutes sortes de métiers : elle a été en jardinage, mais c'était difficile parce que l'hiver, c'est dur et que c'est un métier très masculin (elle était la seule fille). Elle a travaillé en maison de retraite avec des personnes âgées dépendantes : il fallait les aider à manger, les changer. C'était dur pour Gwenaëlle : l'ambiance, les pensionnaires trop invalides,...

Finalement elle a trouvé un stage (toujours non rémunéré) dans un grand restaurant gastronomique en centre ville. L'employeur est exigeant avec elle, il lui confie des tâches précises et attend une certaine efficacité de sa part. Gwenaëlle aime bien ce nouveau métier. Elle est considérée comme une stagiaire qui doit apprendre, mais on ne lui passe pas tout.

Enfin, nous avions trouvé une entreprise qui savait y faire ! Nous avons appris que la femme du patron avait une sœur handicapée. Ceci explique sans doute cela. »

INFOS

Les employeurs peuvent bénéficier d'avantages s'ils embauchent des jeunes reconnus handicapés par la MDPH.

Pour en savoir plus

- **Handirect: entreprise adaptée qui emploie plus de 80 % de salariés handicapés, activités de mailing, de routage postal, informatiques, de saisie etc.**
  www.handirect.com

Voir aussi

- Les grandes entreprises → p. 154
- Les chambres consulaires → p. 149

CHAPITRE 5

Être autonome

Trouver sa voie professionnelle, être formé, rencontrer son employeur, c'est déjà très bien ! Mais l'autonomie recouvre d'autres champs : il s'agit d'être autonome financièrement, ou d'être aidé, d'avoir un logement, d'avoir des « compétences » sociales pour évoluer dans la société. Dans certains cas, l'emploi nécessite un permis de conduire. La question de la responsabilité juridique se pose pour les adultes dys et les familles mettent parfois en place des mesures de protection juridique.

L'autonomie dans la vie familiale, affective, sexuelle, n'est pas abordée dans ce guide mais nécessite souvent de l'aide.

De même, il faut savoir que l'autonomie, tant recherchée dans les apprentissages scolaires et professionnels, peut se transformer *in fine* en isolement de l'adulte dys. Il faut mettre en balance l'autonomie parfois devenue isolement dans la vie professionnelle du milieu ordinaire avec la vie sociale plus accessible parfois en ESAT. Il en est de même pour le logement, l'adulte dys, autonome dans son logement privatif peut se sentir plus isolé que dans un foyer. Chacun devra donc trouver la voie et l'équilibre qui lui conviennent.

Pour rester dans le champ de la vie professionnelle, nous abordons ici les aides techniques et humaines.

1. L'Allocation pour Adulte Handicapé (AAH)

Alors que l'AEEH vient aider l'élève handicapé – et sa famille – à poursuivre ses études dans les meilleures conditions, l'AAH est une allocation qui compense le manque d'activité professionnelle rémunérée du fait de son handicap.
Il y a des conditions pour obtenir l'AAH. Consultez les sites Internet officiels ou votre MDPH pour connaître ces conditions et les montants d'allocation.

Quelles sont les conditions liées au handicap ?

Pour pouvoir bénéficier de l'AAH, vous devez justifier d'un taux d'incapacité permanente :
- d'au moins 80 %,
- ou compris entre 50 et 79 % et avoir une restriction substantielle et durable d'accès à un emploi du fait de votre handicap.

Ce taux d'incapacité est apprécié par la commission des droits et de l'autonomie des personnes handicapées (CDAPH) – via l'équipe pluridisciplinaire d'évaluation (EPE) – en fonction d'un guide-barème.

La restriction substantielle d'accès à un emploi est caractérisée par d'importantes difficultés à accéder à un emploi qui sont liées exclusivement aux effets du handicap et qui ne peuvent pas être compensées par des mesures permettant de faciliter l'accès à un emploi, l'aménagement d'un poste de travail...

La restriction est durable dès lors qu'elle est d'une durée prévisible d'au moins 1 an à compter du dépôt de la demande d'AAH, même si votre situation médicale n'est pas stabilisée. Elle est reconnue pour une durée de 1 à 2 ans.

Quelles sont les conditions d'âge?

Pour pouvoir bénéficier de l'AAH, vous devez être âgé de **plus de 20 ans.**

INFOS

Si vous n'êtes plus à la charge de vos parents pour le bénéfice des prestations familiales, vous pouvez prétendre à l'AAH à partir de 16 ans.

Le versement de l'AAH prend **fin à partir de l'âge minimum légal de départ à la retraite** en cas d'incapacité de 50 % à 79 %. À cet âge, vous basculez dans le régime de retraite pour inaptitude.

En cas d'incapacité d'au moins 80 %, une AAH différentielle, c'est-à-dire une allocation mensuelle réduite, peut vous être versée au-delà de l'âge minimum légal de départ à la retraite en complément d'une retraite inférieure au minimum vieillesse.

Il y a également des conditions de nationalité et de ressources maximum. Se renseigner auprès de sa MDPH.

Montant

- Début 2014, la personne qui ne dispose d'aucune ressource peut percevoir le montant maximum de l'AAH qui s'élève à 790,18 €.
- Lorsque la personne handicapée perçoit une pension (invalidité, rente d'accident du travail, retraite), elle bénéficie d'une allocation mensuelle réduite, dont le montant correspond à la différence entre la moyenne mensuelle de ses autres ressources et 790,18 €.
- Lorsque la personne handicapée perçoit un revenu d'activité, l'AAH est calculée en fonction d'une partie de ces revenus.

Cas particulier des personnes séjournant en établissement

L'allocataire qui séjourne dans un établissement de santé ou un établissement pénitentiaire ne perçoit plus, après une période de 60 jours, que 30 % du montant mensuel de l'allocation, soit 237 €.

Cette réduction n'est cependant pas appliquée si l'allocataire se trouve dans l'une des situations suivantes :
- s'il est astreint au forfait journalier,
- s'il a au moins un enfant ou un ascendant à charge,
- si la personne avec qui il vit en couple ne travaille pas pour un motif reconnu valable par la commission des droits et de l'autonomie des personnes handicapées (CDAPH).

À l'issue du séjour en établissement, le versement de l'AAH est repris au taux normal.

Cumul de l'AAH avec d'autres prestations

L'AAH peut être cumulée avec l'une de ces 3 prestations :
- le complément de ressources,
- la majoration pour la vie autonome,
- dans certains cas, l'aide à l'autonomie.

À SAVOIR

- Comme le RSA, l'AAH n'est pas définitive et il faut en renouveler la demande.
- Depuis janvier 2011, si le bénéficiaire travaille en milieu ordinaire, il doit transmettre tous les 3 mois à la Caisse d'Allocation Familiale de son domicile un formulaire de déclaration trimestrielle de ressources (c'est-à-dire un dossier Cerfa à remplir) ou déclarer ses ressources en ligne directement sur le site Internet de la CAF.
- S'il travaille en ESAT ou s'il est inactif, ses ressources sont évaluées à partir des données de l'avant-dernière année qui sont transmises par le service des impôts.

Procédure

Un dossier est à remplir pour la MDPH. Après évaluation, la MDPH étudie les perspectives d'une orientation professionnelle en milieu ordinaire ou protégé, vers un ESAT ou vers tout autre établissement médico-social. Les MDPH sont chargées de réaliser ce premier bilan.

Ensuite, l'équipe pluridisciplinaire d'évaluation transmet le dossier à la CDAPH pour validation. Un autre exemplaire du dossier est envoyé parallèlement à la CAF, afin d'étudier les conditions administratives. Comptez un délai de plusieurs mois entre le moment où vous enverrez votre dossier et le jour où l'AAH vous sera versée pour la première fois.

Comment est instruite la demande ?

Selon les pièces fournies à la MDPH, le médecin de l'équipe pluridisciplinaire d'évaluation (EPE) va déterminer le taux d'incapacité.

La commission des droits et de l'autonomie des personnes handicapées (CDAPH) se réunit ensuite pour se prononcer sur l'attribution de l'AAH.

Si la CDAPH ne s'est pas prononcée dans les 4 mois à compter du dépôt de la demande, son silence vaut rejet. Cependant, on rapporte des délais différents suivant les MDPH et certaines donnent une réponse systématique qu'elle soit positive ou négative. Mieux vaut donc se renseigner auprès de sa MDPH.

Conseils pour bien remplir son dossier

C'est à partir de ce dossier que l'équipe pluridisciplinaire de la MDPH définit le taux d'incapacité qu'elle attribue à la personne. La MDPH se base sur les données médicales mais aussi et surtout sur l'analyse des déficiences de la personne et de leurs conséquences dans la vie quotidienne. Si la personne est atteinte de plusieurs handicaps, ils seront pris en compte dans le calcul du taux mais l'addition n'est pas arithmétique pour le calcul du taux final. Il est essentiel que les certificats médicaux soient bien remplis et qu'ils le soient dans les domaines de la vie quotidienne autant que dans les aspects médicaux. Il ne faut pas hésiter à joindre des évaluations complètes. Le choix du médecin qui remplit le certificat médical est donc très important.

Pour en savoir plus

- **Site Internet :** http://vosdroits.service-public.fr/particuliers
- **Voir le *Guide pour l'utilisation du certificat médical* à destination de la Maison départementale des personnes handicapées sur** www.cnsa.fr

2. Accompagnement à la vie sociale

Témoignage

Christine, maman de Manon, 14 ans, dyslexique

« J'ai remarqué que plusieurs personnes, dans la rue, les transports, observent les comportements qui se démarquent un peu de la norme, et sont parfois intrigués. Souvent, ils me demandent si Manon est étrangère, parce qu'elle a sa façon à elle de parler le français. »

Le Service d'Accompagnement à la Vie Sociale (SAVS)

Le SAVS propose une prise en charge en milieu ordinaire ou protégé, à domicile, sur les lieux où s'exercent les activités sociales, scolaires ou professionnelles de la personne handicapée, mais aussi dans les locaux mêmes de ces services. Il a donc été créé pour favoriser un maintien de la personne en milieu ouvert ainsi qu'un apprentissage de l'autonomie.

Le SAVS a souvent pour mission l'accompagnement à la recherche d'emploi ou à la recherche d'un logement. Ses prestations concernent parfois un suivi éducatif et psychologique, mais il peut également proposer une aide à la réalisation des actes quotidiens et l'accomplissement des activités de la vie domestique et sociale.

VPLA, une association des Yvelines

Affiliée à l'UNAPEI, Vivre Parmi Les Autres (VPLA) est donc un réseau d'associations ayant pour mission de favoriser l'insertion en milieu ouvert de personnes handicapées mentales et psychiques. Ces structures accueillent des adultes dont les difficultés d'adaptation sont reconnues par la MDPH. L'objectif est de les accompagner dans l'apprentissage de l'autonomie. Les éducateurs jouent un rôle important. Ce type de structures, comme les Centres d'Adaptation à la Vie et au Travail, peuvent tout à fait convenir à certains Dys.

VPLA gère un CAVT, un CAJ et un SAVS. Le CAVT est une structure intermédiaire pour les 19-25 ans pour les accompagner à la vie et au travail. Elle a vocation à les accompagner dans leur autonomie pour un accès à l'emploi à court terme. Il en existe plusieurs en France.

Créée en 1979, l'association VPLA s'est développée grâce à des parents qui avaient des objectifs concrets : créer un établissement et des services permettant d'accueillir et d'accompagner vers le milieu ordinaire leurs enfants ayant des handicaps mentaux légers et de favoriser leur épanouissement et leur autonomie.

Que propose cette association ?

Elle aide à construire un projet d'insertion et aide concrètement à :
- trouver un travail,
- accéder à un logement,
- se déplacer seul et organiser ses loisirs,
- prendre soin de sa santé.

Pour les parents, VPLA met en place une sorte de dispositif de soutien aux familles par des échanges d'expériences lors de groupes de paroles ou de rencontres conviviales et par ses réseaux d'information.

VPLA a créé et gère trois structures :
- le Centre d'Adaptation à la Vie et au Travail (CAVT),
- le Centre d'Accueil de Jour (CAJ),
- le Service d'Accompagnement et d'Insertion Sociale (SAIS).

À SAVOIR

Ces établissements avec leurs salariés et leurs bénévoles conservent dans un cadre nouveau le même projet d'établissement pour le même public.

Témoignage

Sylvie, maman de Marie, 27 ans, « dysphasique sévère », Saint-Germain-en-Laye

« Marie a obtenu son passage en IMPro, mais son langage n'évoluait pas vraiment : elle ne conjuguait pas les verbes, elle n'utilisait pas les bons articles, elle ne mettait pas d'adverbe, elle disait "moi partir demain".

Témoignage (suite)

En revanche, au niveau des mathématiques elle avait davantage de facilités ; elle connaissait ses tables par cœur. J'ai, très tôt, choisi de l'inscrire au sport. Ces activités lui ont permis d'être encadrée, par des coach-pédagogues en quelque sorte.

Marie ne souhaitait pas intégrer le secteur du handicap. Elle voulait faire comme ses sœurs : rejoindre l'école ordinaire. J'ai donc recensé les SEGPA. C'est à ce moment que j'ai connu l'association VPLA. Dans ma recherche, je me suis aperçue qu'entre parents on est plus fort ensemble, c'est-à-dire qu'on s'aide mutuellement. À l'époque, il n'y avait pas Internet et il n'existait que le *Guide Néret*. Je suis allée frapper aux portes des établissements, ce qui me permettait, sur place, de me faire ma propre impression de l'établissement puis de convaincre le directeur de prendre ma fille, seulement si je sentais que c'était le bon endroit pour elle.

Après plusieurs établissements, elle a obtenu son CFG (Certificat de Formation Générale) et réussi à intégré un ESAT (anciennement CAT). Mieux vaut qu'elle commence par le milieu adapté pour ensuite se réinsérer dans le milieu ordinaire : voila ce qu'on se disait à l'époque. Mais au sein de ce CAT on trouvait qu'elle était trop lente. C'est quand même fou de voir que, même en CAT, il faut du rendement. Heureusement que je faisais partie de l'association VPLA, ils ont su me soutenir. »

Pour en savoir plus

- **Le centre VPLA en région parisienne**
  VPLA 78 (siège).
  22 rue du Capitaine Siry, 78170 La Celle Saint Cloud
  Tél. : 01 39 69 21 50
  Mail : sais@vpla78.org
  www.vpla-78.com
- **Association de Parents et d'Amis de Personnes Handicapées Mentales**
  www.avenirapei.org

3. La Prestation de Compensation du Handicap (PCH)

La loi du 11 février 2005 qui réforme la politique du handicap met en place la prestation de compensation pour les adultes.

Les bénéficiaires de cette prestation

Comme pour l'AAH ou l'AEEH, la prestation de compensation du handicap (PCH) s'adresse à toute personne handicapée qui remplit un certain nombre de conditions relatives à son lieu de résidence et à son âge et dont le handicap répond à des critères prenant notamment en compte la nature et l'importance des besoins de compensation au regard de son projet de vie.

À SAVOIR

Les demandes de PCH sont examinées par les Maisons Départementales du Handicap. Ce sont les Commissions des Droits et de l'Autonomie (CDAPH) qui décident de leur attribution.

Les personnes handicapées hébergées ou accompagnées dans un établissement social ou médico-social ont également droit à la PCH.

Les Aides techniques

Cette prestation vise à soulager les frais engagés par la personne pour contourner les difficultés liées à son handicap. Cette PCH est particulièrement bien adaptée pour l'acquisition de matériel destiné à compenser le handicap. Elle pourra, par exemple, être demandée pour l'achat de logiciel d'assistance à l'écrit (correcteurs d'orthographe spécialisés, par exemple).

Les Aides humaines

Pour ce qui est des aides humaines, l'attribution de la PCH est encadrée par des règles très strictes. Le texte de loi prévoit essentiellement des aides pour pallier des difficultés graves. Il s'agit de situations de handicap souvent plus lourdes que celles que rencontrent les adultes Dys. Les demandes de PCH sont tout de même examinées par les Maisons Départementales du Handicap (MDPH) qui décident de leur attribution.

Peut-on la cumuler?

Oui, la prestation de compensation du handicap (PCH) est cumulable avec d'autres prestations sociales, relatives ou non au handicap, sous réserve de respecter certaines conditions. La PCH peut être cumulée avec l'AAH ou l'AEEH, et le complément de ressources.

Témoignage

Le cas de Gabriel, 21 ans, dysphasique, Puteaux

« Gabriel n'a aucune aide financière puisqu'il est rémunéré dans le cadre de son premier contrat. Son dossier lui permet uniquement de passer des examens aménagés. [...] Pour autant, il en aurait bien besoin, et nous aussi. Ces aides financières permettent de financer plusieurs services d'orthophoniste ou de solliciter différents spécialistes. Un coup de pouce nous aurait été bien utile. Durant sa scolarité, nous avons tout essayé. Même de diversifier les activités extra-scolaires pour repérer celle dans laquelle Gabriel pouvait s'épanouir. C'est vrai que tout ça coûte de l'argent. Je trouve que les aides financières devraient prendre en compte nos besoins, même avant l'entrée dans l'emploi, et surtout dans cette transition entre l'école et l'emploi. »

Pour en savoir plus

- **Les sites Internet des services publics**
  www.cnsa.fr
  www.social-sante.gouv.fr
  www.vosdroits.service-public.fr

Voir aussi

- La MDPH → p. 34
- La RQTH → p. 185

4. Mesures de protection des majeurs (tutelles, curatelles, etc.) : les outils des tuteurs familiaux

Juridiquement, les adultes dys ayant la RQTH, peuvent continuer d'être représentés par leurs parents. Ainsi, à l'âge de la majorité de leur enfant ou quelques années plus tard, certains parents choisissent pour leur enfant une mesure de protection juridique, sous forme de tutelle ou de curatelle, simple ou renforcée, pour mieux gérer les actes de la vie civile de leur enfant. Si mettre son propre enfant sous protection juridique peut être un moment difficile, cette décision peut souvent s'avérer utile. Alors, à qui s'adresser ? Comment monter le dossier et surtout, comment expliquer la démarche à son enfant ? Quelle mesure de protection demander ? Qui sera le meilleur tuteur ? Autant de questions à se poser avant de se lancer. Le sujet est complexe et la législation correspondante également. Vous pouvez vous renseigner auprès de votre notaire ou d'un avocat.

Rappel juridique

À la demande des familles, le juge peut décider d'une mesure de protection juridique au vu d'un dossier médical (certificat circonstancié d'un médecin-expert) lorsqu'il constate des altérations des facultés d'une personne majeure. Ce système de protection issu de la loi 2007-308 du 5 mars 2007 comprend trois mesures :
- la sauvegarde de justice,
- la tutelle,
- et la curatelle (même si, dans le langage courant, on englobe ces trois statuts sous le nom de *tutelle*).

Quand demander une mesure de protection ?

Certains jeunes adultes dys ont de grandes difficultés pour organiser leur vie quotidienne et il est parfois nécessaire de mettre en place une mesure de protection qui les protège sur certains aspects, en particulier en ce qui concerne la gestion de leur budget. C'est le cas lorsque le jeune dispose de certaines ressources et par exemple d'un chéquier ou d'une carte bleue. Il est alors susceptible de se mettre en situation de risque (par exemple en signant un contrat de téléphonie mobile inapproprié ou en acceptant un prélèvement bancaire automatique sans en mesurer les conséquences) et il faut alors songer à la mise en place d'une mesure de protection.

Les niveaux de protection juridique

Le niveau le plus élevé de protection est la tutelle, avant la sauvegarde de justice qui concerne surtout les situations d'urgence et constitue une mesure de courte durée (un an en général).
La curatelle implique un degré de contrainte moindre que la tutelle sur les actions du majeur protégé. Ces mesures de protection sont en général demandées par les familles elles-mêmes.

Tutelle ou curatelle ?

– La tutelle s'adresse à une personne qui a besoin d'être représentée de manière continue dans les actes de la vie civile. Cette personne majeure perd aussi ses droits civiques – sauf demande contraire dans la requête. Les actes courants sont donc tous réalisés par le tuteur seul, et les actes les plus importants sont soumis à l'accord du juge des tutelles, en particulier les actes de disposition du patrimoine.
– La curatelle se rapporte, elle, à une situation d'incapacité moins importante. Le jeune majeur protégé est alors guidé dans ses choix. Il est conseillé, peut percevoir des revenus et les gérer tout seul. Les « curateurs » ont tout de même un droit de regard sur la gestion de sa vie quotidienne, plus ou moins important selon le niveau de curatelle (cf. ci-dessous). Ils peuvent ainsi l'aider à utiliser ses revenus ou voter.

La curatelle : qui est concerné ?

La curatelle concerne des personnes majeures dont l'altération des facultés mentales ou des facultés corporelles nécessite qu'elles soient assistées ou contrôlées de manière continue dans les actes importants de la vie civile.

La curatelle permet à la personne sous protection de conserver une certaine autonomie, plus ou moins élevée selon le degré de curatelle (simple ou renforcée).

Une personne protégée par une curatelle choisit son lieu de résidence, conserve son droit de vote, peut accomplir seule certains actes dits « strictement personnels » (comme la reconnaissance d'un enfant). De son côté, le curateur peut alerter le juge sur certains risques et prendre certaines mesures.

Durée de la tutelle et de la curatelle

Le juge fixe la durée, qui ne peut, lors de la première demande, excéder 5 ans. Au moins 6 mois avant l'échéance, il convient de préparer un dossier de renouvellement et la mesure pourra alors excéder 5 ans si le dossier médical le justifie (en général lorsque la situation n'est pas susceptible d'évolution).

Degrés de curatelle

Il existe différents degrés de curatelle :
- La curatelle simple pour une personne qui pourra ainsi accomplir seule les actes de gestion courante mais qui sera assistée d'un curateur pour des actes plus importants comme demander un crédit à sa banque.
- La curatelle renforcée dans laquelle le curateur perçoit les ressources de la personne et règle ses dépenses sur un compte ouvert au nom de celle-ci. Les actes importants sont contre-signés par le curateur.
- La curatelle aménagée, qui désigne les actions possibles au cas par cas.

En pratique, c'est une curatelle renforcée qui est le plus souvent demandée.

Comment procéder?

Afin d'obtenir la décision judiciaire, il faut adresser la demande de mise sous protection au juge des tutelles dont dépend le lieu de résidence du majeur à protéger, accompagnée des pièces suivantes:
- un certificat médical circonstancié par un médecin expert reconnu par les tribunaux (liste départementale) qui n'est pas remboursé par la Sécurité Sociale (coût de 160 €),
- **l'identité** de la personne à protéger,
- une **lettre de motivation** pour cette protection, expliquant concrètement pourquoi on demande cette mise sous protection.

Le juge convoque ensuite le demandeur et la personne concernée dans un délai d'environ 3 à 6 mois, afin d'apprécier la situation et donner le sens de la décision qu'il entend prendre. Les requérants sont ensuite convoqués au tribunal pour le prononcé du jugement, qui constitue la date à compter de laquelle la mesure de protection prendra effet. C'est le juge qui apprécie la nature de la mesure de protection à arrêter (tutelle ou curatelle): il n'est pas lié par la demande des requérants.

Le plus souvent, le juge donne priorité à la « tutelle familiale » et nomme un mandataire dans le cercle familial de la personne concernée. Si c'est impossible, la tutelle ou la curatelle est confiée à un professionnel appelé « mandataire judiciaire à la protection des majeurs », inscrit sur une liste dressée et tenue à jour par le préfet.

En cas de curatelle renforcée ou de tutelle, le curateur doit remettre chaque année au juge un compte rendu de sa gestion.

Pour en savoir plus

- **Le dossier du site Internet de l'UNAPEI:**
  www.unapei.org
- **Un article dans la revue « vivre ensemble »:**
  www.dysphasie.org

5. Permis de conduire pour les adultes dys : quelles adaptations possibles ?

Témoignage

Christiane, maman de Vincent, 19 ans

« J'ai rempli un dossier pour que mon fils puisse passer le permis de conduire avec l'épreuve aménagée. Le dossier est en cours, je l'ai transmis à une association de Dys. Il adore conduire, il est vraiment doué pour ça, mais les examens le repoussent. Dès qu'il s'agit d'examens, il y a un blocage total. C'est dommage car il fait des fautes toutes bêtes, qu'il pourrait facilement éviter. »

Si pour certains le permis de conduire n'est qu'une formalité, pour d'autres, l'obtention du fameux papier rose constitue un véritable parcours du combattant.

Le permis de conduire est souvent primordial pour décrocher un poste, pour rejoindre son lieu de travail (indispensable en zone rurale). Les auto-écoles, de leur côté, connaissent peu ou pas les troubles « dys » et ne proposent pas d'aménagements particuliers.

Témoignage

Damien, 21 ans, titulaire du permis de conduire depuis 2012

« Ce n'est pas facile de passer ce permis. Le plus compliqué pour moi a été l'apprentissage du passage de vitesses mais, à force de persévérance et d'entraînement avec mes parents, j'y suis arrivé. Je conduis mieux maintenant, même si quelquefois je cale ou j'ai parfois du mal à me décider à l'approche d'un rond point ».

Le 4 août 2014, un décret a été publié pour permettre aux jeunes Dys de bénéficier de certains aménagements pour le passage de l'épreuve théorique du permis de conduire (le code).

Un décret, pour qui ?

Le mode de passation actuel de l'épreuve théorique générale du permis de conduire (« le code de la route ») copié sur le modèle d'un questionnaire à choix multiples pose des difficultés aux personnes atteintes de troubles spécifiques du langage oral et/ou écrit et/ou de troubles de l'acquisition de la coordination.

En effet, ces personnes d'intelligence normale peuvent échouer à l'épreuve du code de la route, non du fait de leur incapacité à comprendre celui-ci, mais du fait du mode choisi pour évaluer leurs connaissances.

Que dit ce décret ?

Il précise les aménagements spécifiques, ainsi que les conditions d'accès à ces aménagements pour les personnes porteuses d'une dyslexie et/ou d'une dysphasie et/ou d'une dyspraxie.

Quelles conditions pour bénéficier de ce décret ?

Le/la candidat(e) doit :
– soit détenir une RQTH (reconnaissance de qualité de travailleur handicapé) ou une reconnaissance de handicap auprès de la Maison Départementale des Personnes Handicapées (MDPH) et un diagnostic de dyslexie, de dysphasie et/ou de dyspraxie,
– soit avoir bénéficié d'aménagements (tiers-temps, secrétaire…) aux épreuves nationales de l'Éducation nationale au titre des troubles du langage oral et/ou écrit, de l'apprentissage du langage écrit et/ou des troubles de l'acquisition de la coordination,
– soit être en mesure de fournir un certificat médical délivré depuis moins de six mois, attestant d'un trouble spécifique du langage et/ou de troubles de l'acquisition de la coordination, requérant un aménagement des conditions de passation de l'épreuve théorique générale de l'examen du permis de conduire.

Quels seront les aménagements possibles ?

Les candidats sont admis à passer l'épreuve théorique générale lors des sessions prévues pour les personnes sourdes ou malentendantes dans un délai maximal de trois mois suivant l'enregistrement de la demande d'inscription à l'examen du permis de conduire auprès des services préfectoraux.

Les intéressés bénéficient :
- d'un temps plus long pour l'examen des diapositives,
- si nécessaire, d'une relecture à haute voix par un inspecteur du permis de conduire et de la sécurité routière.

Un travail est en cours sur le développement des simulateurs de conduite, sur la sensibilisation aux troubles dys des professionnels de la conduite et la formation des médecins agréés par les Préfectures.

Témoignage

Corentin, 17 ans, dyspraxique, Épernay
Corentin est en train de passer ses premières heures pour la conduite accompagnée et vient d'obtenir son code.

Maman de Corentin: « Pour Corentin, le permis c'est important car il veut faire de la taille dans les vignes. Il commence déjà à travailler dans les champs. Pour lui, ce sera primordial de pouvoir se déplacer dans le département, transporter ses outils, se changer sur place, etc.

On s'y est pris à l'avance et on l'a laissé un an et demi au code pour qu'il ait le temps de l'obtenir. Mais il ne l'obtenait toujours pas, ce qui retardait franchement la possibilité de passer la deuxième épreuve: la conduite.

Nous sommes tombés sur un stage spécialisé proposé par la FFDys en partenariat avec l'ECF. Sur Internet, j'ai tapé "enfant handicapé permis de conduire" et c'est comme ça que je suis tombée sur ce stage. C'est vrai que sans ça, j'étais complètement perdue. Il s'agissait de passer quelques jours de formation à Paris. Nous n'avons pas hésité à inscrire Corentin, mais c'est vrai qu'il y avait peu de places, on a eu de la chance. La formation s'est déroulée en petits groupes, c'est la première fois que Corentin voyait d'autres jeunes comme lui. »

Corentin: « Moi, je suis content de cette semaine de formation. C'est comme ça que j'apprends mieux. Cette fois, les moniteurs ont pris le temps de m'expliquer les questions, car avant on passait à la suivante trop rapidement. L'animatrice était très compétente avec nous. Il faut maintenant que je fasse mes heures de conduite ».

Témoignage (suite)

Maman de Corentin: « Finalement on l'a réinscrit au code, au sein de la série "francophone" pour qu'il puisse être le plus à l'aise possible. Et ça a marché ! Je crois que le stage et l'adaptation à l'examen sont des étapes clés, car le code c'est la partie la plus dure.

Maintenant, c'est la conduite. Il a un certain nombre d'heures à faire avant de passer à la conduite accompagnée. Il est très stressé. Par exemple, il n'arrive pas à débrayer et à embrayer facilement, il confond encore les pédales. Pour l'aider, on a décidé de prendre la même monitrice jusqu'à la fin des heures prévues, pour que Corentin ne soit pas trop déstabilisé.

Avec la conduite accompagnée, je vais prendre les choses en main. Ça me rassure moyennement car, en fait, j'aurais préféré un professionnel avec lui pour faire cette formation. Mais bon, il va pouvoir apprendre à son rythme.

Pour l'épreuve finale, la conduite, on va faire une demande d'aménagement. Il faut que je m'occupe de faire les démarches, à vrai dire je n'ai pas encore d'information précise sur le sujet. »

Sans trop généraliser – chaque adulte ayant son propre parcours et ses compétences – on peut dire que le code est difficile surtout pour les dyslexiques et les dysphasiques, et la conduite difficile surtout pour les dyspraxiques.

Pour en savoir plus

- **Le CEREMH : Centre de Ressource et d'innovation Mobilité Handicap**
  12 avenue de l'Europe, 78140 Vélizy
  Mail : contact@ceremh. org
  Tel : 01 39 25 49 87/Fax : 09 72 12 57 95
  www. ceremh. org/cen-mobilite/
- **Les auto-écoles adaptées : ECF (Association d'Éducation et de Sécurité Routières) : enseignement pour tous handicaps**
  Voir le dispositif Handi'conduite sur :
  www. ecf. asso.fr/Formation-permis/Voiture/Handi-conduite

- **CER (Centre d'Éducation Routière)**
  24, rue de Constantinople, 75008 PARIS
  Tél. : 01 42 93 72 45
  Mail : cer.association@wanadoo.fr
  www.cer.asso.fr
- **Sites Internet des co-signataires de la convention**
  apeda-France.com, ffdys.com, apedys.org, dysphasie.org, dyspraxies.fr
- **Site de la Délégation à la sécurité et à la circulation routières où sont indiqués des renseignements sur le passage du permis :**
  www.securite-routiere.gouv.fr

6. L'aménagement du poste de travail et les aides humaines

L'aménagement du poste de travail ainsi que les aides techniques et humaines sont parfois nécessaires lorsque l'on intègre une entreprise. Selon les situations, l'aménagement du poste de travail peut prendre plusieurs formes : organisation du temps de travail, adaptation du poste ou aides humaines.

Qui peut bénéficier d'une aide ?

Pour plusieurs actions (embauche, aménagement de poste de travail, formation...), l'Agefiph peut proposer une aide financière aux :
- organismes de formation, prestataires de bilans de compétences, opérateurs de l'insertion et du reclassement, etc.,
- entreprises (établissements publics, secteur privé, artisans),
- travailleurs handicapés titulaires ou non de l'AAH.

L'attribution des aides n'est pas automatique : chaque demande fait l'objet d'une évaluation par l'Agefiph (ressources financières, particularités du handicap, etc.).

Organisation du temps de travail et insertion des travailleurs handicapés

L'employeur peut prendre en compte le handicap du salarié et lui proposer :
- un travail à temps partiel,
- l'aménagement de plages horaires.

Aides humaines et matérielles en entreprises

Pour optimiser les conditions de travail du salarié, l'employeur peut mettre à disposition quelques aides utiles au quotidien pour accomplir des tâches, souvent d'ordre administratif : ordinateur et logiciels adaptés, enregistreur numérique, prise de notes, soutien, tutorat ou parrainage au sein de l'équipe des collègues, etc.

À SAVOIR

L'adulte Dys se connaît et a sa propre organisation. Le laisser s'organiser (dans sa prise de notes, etc.) est souvent important. L'aider en reformulant (écrit ou oral) également.

L'employeur peut être aidé

L'employeur dispose d'aides financières pour cette insertion. Le coût total des aménagements réalisés est déduit de sa contribution Agefiph (dans la limite de 10 %).

L'employeur peut solliciter l'aide à l'adaptation des situations de travail auprès du réseau des Cap emploi et de celui des Sameth qui apporte à l'employeur :
- des moyens humains (information, conseils et service d'ingénierie),
- et des moyens matériels (aménagements techniques, équipements).

Le travailleur handicapé lui-même doit être consulté pour donner son avis sur les différents aménagements le concernant.

Dans ce cadre, l'Agefiph :
- finance une étude préalable et la mise en œuvre des aménagements,
- offre une aide à la mobilité : aménagement de véhicule professionnel et prise en charge des frais de déplacement.

Le détail de ces aides et services est disponible sur le site Internet de l'Agefiph.

Pour en savoir plus

- **Le site Internet de l'Agefiph**
  www.agefiph.fr (rubrique Personnes-handicapées ou Entreprises)
- **« Histoire de comprendre les Dys en entreprise »**
  www.ffdys.fr

☛ **Voir aussi**
- Cap emploi → p. 118
- La RQTH → p. 185
- Aménagements et organisations des examens → p. 53
- L'Agefiph → p. 142

CHAPITRE 6

Réussir dans l'emploi

Témoignage

Paul, papa de Maxence, 18 ans

« C'est tellement difficile à comprendre la dyslexie. Mon gamin est intelligent mais il est lent et l'entrepreneur lui, il veut du rendement. »

Réussir et se maintenir dans l'emploi c'est possible pour les Dys. À condition de bien s'y prendre. Il faut à la fois valoriser ses compétences et faire comprendre ses besoins pour réussir dans son poste de travail.

Il faut pouvoir demander les adaptations éventuelles au poste de travail (exemple : un écran plus grand pour les adultes dyslexiques) et les aides pour la compréhension des consignes, de l'organisation, de l'informel, etc. Réussir, c'est comprendre le fonctionnement de l'entreprise dans laquelle on travaille et ses enjeux. C'est aussi comprendre les mécanismes qui régissent votre progression : formation, évaluation, rémunération, promotion. Demander puis obtenir la Reconnaissance de la Qualité de Travailleur Handicapé (RQTH) est un choix personnel, mais bien souvent l'adulte dys en retirera nombre d'avantages.

1. Valoriser ses compétences

Pour trouver une piste d'emploi ou décrocher un poste, il faut savoir valoriser ses compétences mais aussi dire ce dont on a besoin pour réussir.

Montrer ce qu'on peut apporter à l'entreprise

Valoriser ses points forts permet avant tout de rassurer l'équipe et de se sentir capable. À force de se concentrer sur les difficultés, on perd de vue les qualités et les compétences qu'on peut apporter professionnellement. L'important est de rapidement montrer qu'on ne représente pas un risque de surcharge de travail et que certaines qualités pourront même, parfois, faire la différence.

Des compétences avant tout

Il est important d'avoir à l'esprit que la véritable et seule difficulté pour un travailleur handicapé n'est pas le handicap, c'est la compétence. « Les entreprises ne font pas du social : elles veulent embaucher des salariés compétents, productifs », assure Thierry, responsable des Ressources Humaines d'un réseau de PME, rencontré dans un salon de recrutement, janvier 2013.

Savoir se valoriser

L'entourage peut jouer un rôle déterminant dans cette phase de valorisation. Il est en effet important d'encourager le candidat ou le salarié fraîchement arrivé dans l'entreprise à compenser ses inaptitudes ou maladresses au moment de chercher un employeur et d'intégrer une équipe. « Il faut d'abord avoir en tête les aspects positifs de son parcours et de sa personnalité ». C'est aussi valable pour la personne qui peut avoir connu plusieurs échecs dans son cursus et avoir une image très négative d'elle-même comme nous l'explique un responsable des ressources humaines d'une grande entreprise. Dans ce cas, il convient de rompre avec une attitude qui, par simple souci d'éviter de nouveaux échecs, mettra trop en avant les problèmes. Évitez, par exemple, de trop insister sur une mauvaise expérience que vous auriez pu connaître en entreprise ou en formation.

Voir le bon côté

Il n'existe pas de profil type de ces jeunes et, si leur handicap prend des formes très diverses, les compétences sont, elles aussi, nombreuses et variées. Parmi les parents que l'on peut rencontrer dans les associations, certains ont pu observer que des qualités étaient communes à plusieurs d'entre eux.

Voici quelques exemples de points positifs que les parents n'identifient pas forcément au premier abord :

– Intégré dans un CFA (Centre de Formation pour Apprentis), le jeune Mathieu est ponctuel, assidu, s'implique dans son travail. Dans son Centre, les formateurs apprécient cet apprenti motivé qui « veut y arriver ».

– Stagiaire en entreprise, Céline est toujours souriante. Depuis longtemps, elle semble vouloir compenser ses difficultés de langage par un sens de l'humour et même une forme de séduction qui la rendent sympathique partout où elle passe. Elle a toujours été appréciée de ses professeurs et aujourd'hui ses collègues de stage aiment bien sa compagnie.

– Jérémy est un peu maniaque. Ce n'est pas toujours facile, mais, pour le métier qu'il apprend en CFA, c'est bien utile : il fait de la comptabilité. S'il arrive que ses parents soient un peu exaspérés par ses obsessions, pour ce métier-là, c'est une vraie qualité.

– Martin a de grosses difficultés de lecture et d'écriture, mais, pour ce qui est de circuler dans Paris, il est le roi. Depuis l'âge de six ans qu'il court d'orthophonistes en IME... le métro, il connaît ! On peut tout lui demander sur les lignes de métro ou de bus (il connaît les correspondances) et même sur les bus pour les jours de grève !

Témoignage

L'exemple de Raphaël, 23 ans, Trappes
« Comment nous avons préparé l'insertion de mon fils dans l'entreprise où je travaille »

« Le responsable a bien voulu embaucher Raphaël dans le cadre d'un projet d'insertion. Son arrivée dans l'entreprise a été annoncée par la diffusion d'un message interne invitant chacun à lui faire un bon accueil. Deux mois après ses débuts, nul n'a ressenti le besoin de faire le point hebdomadaire formalisé, tel qu'il était prévu, tant son insertion s'est bien déroulée. Accompagné de près par son tuteur qui l'initie progressivement aux différentes tâches, Raphaël a rapidement pris son essor. Son autonomie s'accroît de semaine en semaine. Tout le monde le connaît désormais au siège de l'entreprise (il fait la tournée du courrier deux fois par jour), on lui délivre des mots gentils et les personnes prennent la peine de s'intéresser à lui.

Il s'épanouit de manière évidente et, sans doute parce qu'il est sollicité quotidiennement, beaucoup ont remarqué qu'il s'exprime mieux qu'en arrivant et que son discours est plus fluide. Je crois qu'il y met vraiment du sien pour montrer qu'on ne lui a pas fait confiance pour rien, qu'il le mérite. Surtout, Raphaël a réussi à montrer qu'il a son utilité dans l'entreprise et que son travail n'est ni fictif, ni de complaisance. Raphaël devrait être titularisé prochainement dans le cadre d'un contrat de travail définitif.

[...] La réussite du projet d'insertion de Raphaël a même conduit l'entreprise à mettre sur pied une politique d'insertion des handicapés digne de ce nom afin que Raphaël ne reste pas un cas isolé. C'est sans doute l'aspect le plus positif de cette expérience : elle va servir à d'autres jeunes handicapés. »

Témoignage

Le cas de Baptiste, 21 ans, Région Parisienne
« Parfois c'est dommage... »

« Baptiste a tenté l'École des Pompiers. Il commençait à être Jeune Sapeur Pompier, et ça le passionnait. Il a obtenu avec succès les deux examens requis pour faire partie du groupe des Jeunes Sapeurs Pompiers. Mais ensuite il a souhaité aller plus loin et s'engager réellement. Il a réussi toutes les épreuves sauf une : le standard téléphonique. Baptiste était incapable de retranscrire rapidement les appels. Pour lui, les appels d'urgence arrivaient trop vite, et il fallait être en mesure de gérer plusieurs lignes et d'écrire en même temps ; bref impossible pour lui d'être à ce poste. Ce qui est dommage, c'est qu'il aurait fait un très bon Pompier de terrain. Niveau physique, il a tout pour réussir, mais l'écriture ça le pénalise trop ! »

Pour en savoir plus

- **Le ministère de l'Emploi, de la cohésion sociale et du logement publie régulièrement un guide pratique *L'emploi des personnes handicapées*, 2014, La Documentation française.**

2. La Reconnaissance de Qualité de Travailleur Handicapé (RQTH)

Cette reconnaissance administrative est indispensable pour faire valoir ses droits (notamment pour demander des aménagements en termes de matériel mais aussi en termes de temps de travail) et pouvoir bénéficier de formations et de bilans de compétences.

La reconnaissance « travailleur handicapé »

Pour les chercheurs d'emploi, la RQTH s'accompagne souvent d'une orientation vers le marché du travail, vers un centre de rééducation professionnelle ou vers un établissement ou service d'aide par le travail (ESAT).

Le droit à des avantages

En pratique, grâce à la RQTH, le travailleur et l'entreprise doivent pouvoir bénéficier des avantages suivants :
- le financement d'aménagements de postes ou d'accompagnements par l'Agefiph (pour les entreprises privées) ou le FIPHFP (pour la fonction publique),
- le doublement de la durée du préavis en cas de licenciement,
- l'aide de Cap emploi pour la recherche d'emploi,
- la possibilité, dans la fonction publique, de postuler à un emploi réservé, de se présenter à un concours avec des aménagements durant l'examen,
- la garantie de ressources pour compenser un abattement de salaire consenti à un employeur.
- les avantages négociés entre les partenaires sociaux et l'entreprise.

Qui délivre la RQTH ?

La RQTH est délivrée par la MDPH.
Celle-ci peut soit :
- refuser la demande, au motif d'une aptitude normale au travail,
- refuser la demande lorsque les incapacités constatées sont telles qu'une aptitude ou capacité d'accès au travail est impossible,
- décider la reconnaissance explicite de la qualité de travailleur handicapé.

Témoignage

Henri, référent handicap, MDPH Paris.

« Certains jeunes ont du mal à obtenir la Reconnaissance de la Qualité de Travailleur Handicapé en dépit de difficultés sévères et durables. Il est important de bien préparer sa demande. »

À SAVOIR

Les RQTH

Pour les RQTH attribuées depuis le 1er janvier 2006, les catégories A, B et C, mentionnant le degré du handicap ont disparu. On ne distingue plus que le handicap lourd.

Selon l'Art. L 323-10 du Code du travail, est déclaré travailleur handicapé « Toute personne dont les possibilités d'obtenir ou de conserver un emploi sont effectivement réduites par suite d'une insuffisance ou d'une diminution de ses capacités physiques ou mentales. »

Le statut de « travailleur handicapé » peut être demandé avant la fin des études, en particulier quand il peut y avoir des stages à effectuer.

La RQTH est délivrée pour une durée limitée qui varie entre 1 et 10 ans (5 ans le plus souvent).

Elle n'est pas une étiquette, c'est un statut. On ne peut obliger personne à signaler cette reconnaissance. Quelqu'un peut être reconnu travailleur handicapé sans que quiconque autour de lui ne le sache. En revanche, cette RQTH signalée pourra lui ouvrir des droits, auprès de son employeur notamment, qui, de son coté, pourra faire valoir l'emploi d'un travailleur handicapé.

La demande de la qualité de travailleur handicapé

Un dossier est à retirer à la MDPH la plus proche du domicile, ou encore au sein des mairies ou de certaines associations. Ce dossier contient une fiche d'identification et un document qui correspond à la requête. Il est souvent utile de se faire aider pour remplir ce formulaire car mieux vaut qu'il soit bien détaillé. Il s'agira de renseigner des parties comme « le projet de vie », « le volet médical », etc.

Que faire si le jeune Dys ne veut pas être considéré comme une personne handicapée et refuse la RQTH ?

Chacun est libre de faire ou non la démarche de la reconnaissance.
Il faut se souvenir que la RQTH ouvre des droits et qu'elle peut rester confidentielle entre le service des ressources humaines et le salarié.
Les collègues ne sont pas forcément informés.

Témoignages

Maman de Christophe, 20 ans, dyslexique, Le Mans.

« Après son CAP Constructeur de route, en apprentissage, on a souhaité faire une demande de reconnaissance. À ce moment-là, je me suis retrouvée perdue, j'ai compris que Christophe dépendait de la MDPH et que c'était à eux qu'il fallait directement que je m'adresse. Au même moment, j'ai reçu le soutien d'un maître référent de l'association Alpha. Il m'a aidée à monter le dossier, avec beaucoup de compétences. Il a fallu ensuite que Christophe obtienne cette reconnaissance, alors qu'il ne la souhaitait pas forcément. Je pense qu'il m'en veut encore. L'entreprise l'a embauché comme travailleur handicapé avec une reconnaissance handicap pour une durée de trois ans renouvelable. Cette aide précieuse lui permet d'obtenir des aides, du temps supplémentaire pour les examens, notamment pour le CACES[1]. diplôme pour lequel en ce moment il se prépare. »

Anne-Marie, maman d'Adrien
« La RQTH, je suis pour ! »

« Au début, je ne voulais pas qu'il soit reconnu "handicapé" par la MDPH, j'avais peur qu'il soit étiqueté. En fait, ils m'ont bien aidée et ils sont discrets. Je ne dis jamais qu'Adrien est reconnu travailleur handicapé par la MDPH. Mais s'il le faut, j'en parlerai avec son patron pour tenter de prolonger son contrat d'apprentissage puisque, avec ce statut, il peut désormais bénéficier d'une année supplémentaire. Mais, pour le moment, je préfère ne pas en parler. Mon fils touche son allocation, et voilà ! Finalement, tout le monde y gagne. »

1. CACES : Certificat d'aptitude à la conduite en sécurité, diplôme permettant la conduite d'engins mobiles automoteurs de chantiers et d'équipements de levage.

Pour en savoir plus

- **Le site** www.service-public.fr **donne toutes les informations légales et propose de télécharger les formulaires.**
- ***Handicap, Le guide pratique,* 2014.** Fédération des Apajh. Édition Prat-Europa 2014. Ce guide pratique, mis à jour chaque année, explique toutes les subtilités des réglementations.

☛ **Voir aussi**
- L'AAH → p. 160
- La MDPH → p. 34
- Cap emploi → p. 118

3. Management et adaptation du poste

La question de l'aptitude au poste de travail est souvent essentielle. Elle est évaluée par la médecine du travail.

Principe

Une adaptation personnalisée du poste peut être recherchée avec l'appui de services spécialisés (aides techniques, aménagement d'horaires, reconnaissance statutaire de travailleur handicapé, contrat de rééducation professionnelle, formation, aides financières...).

Démarche

Selon la taille et les accords passés par les établissements, des dispositions d'accompagnement du salarié au maintien dans l'emploi sont possibles au sein même de l'entreprise, ou avec l'aide d'un organisme externe comme le Sameth.

Si un problème de santé survient en cours de parcours et que le salarié ne peut plus être maintenu dans son emploi, les Sameth peuvent alors intervenir pour une éventuelle reconversion professionnelle. Leur mission première est donc d'accompagner des personnes chez qui le handicap apparaît en cours de parcours professionnel. Mais ils peuvent aussi être sollicités lorsque le salarié (reconnu travailleur handicapé) rencontre des difficultés pour poursuivre son activité.

À SAVOIR

Exemple de signalement avec le Sameth

Après avoir reçu l'accord du salarié, l'entreprise contacte le Sameth. Un travail en concertation démarre : le Sameth prend en main le dossier de maintien dans l'emploi et commence un travail de concertation et d'observation. Il prend rendez-vous avec l'employeur mais aussi avec le salarié, le médecin du travail et selon les cas le service médical ou social qui accompagne déjà le salarié. Il propose ensuite des aménagements.

Quelques exemples d'aides possibles pour le maintien

- aides techniques et matérielles,
- aides financières (subvention maintien, contrat de rééducation professionnelle, auxiliaires professionnelles),
- expertises,
- bilan de compétence,
- mesures de soutien-formation,
- soutien spécifique selon le handicap.

INFOS

Il n'est pas nécessaire d'avoir obtenu la reconnaissance pour pouvoir être maintenu en emploi mais d'avoir au moins débuté la démarche.

Les procédures réglementaires sont détaillées au sein des organismes suivants :

- l'Agefiph : www.agefiph.fr, espace « personnes handicapées », rubrique « conservez votre emploi » ;
- le ministère de l'Emploi, de la Cohésion sociale et du Logement : www.travail.gouv.fr
- le ministère de la Santé et des Solidarités : www.handicap.gouv.fr
- la MDPH de votre département.

Pour en savoir plus

- **Voir le livret *Histoire de comprendre les Dys en entreprise* réalisé à partir de témoignages d'adultes dys vers ou dans l'emploi.**
  contact@ffdys.fr
- **Le Guide pratique *Le maintien dans l'emploi des salariés malades ou handicapés*, Practhis/Agefiph, 2003.**
- ***Le Guide de l'employeur public***, sur le site du FIPHFP dans lequel une partie est dédiée au maintien et au reclassement des agents devenus inaptes à leurs fonctions.
  www.fiphfp.fr

4. Le maintien dans l'emploi

Des enquêtes réalisées par les associations indiquent que 25 % des adultes dys sont bien intégrés en milieu protégé et adapté et 75 % en milieu ordinaire.

La question du maintien dans l'emploi, une question clé pour chacun

Les changements d'organisation ou de moyen peuvent changer la situation du travailleur dys. Un changement d'organisation va être souvent difficile pour un Dys. Il faut casser les automatismes pris et comprendre les sous-entendus, le sens de la nouvelle organisation. Souvent plutôt expliqués en dehors des organigrammes et notes d'organisation officiels... Faites vous expliquer ce qui change concrètement pour votre travail. Quelle relation nouvelle faut-il mettre en œuvre ?

INFOS

Le repérage d'un adulte dys peut se faire lors de réorganisations de service ou du départ de certains salariés qui aidaient leur collègue... ou leur manager. Ainsi, par exemple, une secrétaire révèle par son départ en retraite la dyslexie de son patron car celui-ci ne bénéficie plus d'aide sur ses productions écrites.

Demandez à votre manager ce qui change. Faîtes-vous aider par votre DRH, la mission handicap ou la médecine du travail le cas échéant notamment pour l'aménagement des postes de travail.

Un autre type de repérage peut se produire lors de l'évolution d'un métier. Les compétences nouvellement requises peuvent révéler un manque d'adaptation et inviter à une formation professionnelle ou tout simplement à du management d'accompagnement.

Certaines réorganisations ou certaines évolutions de métier peuvent faire apparaître en effet le manque d'adaptation de certains salariés dys. La répétition des tâches et la stabilité des organisations peuvent aider à l'intégration des Dys, mais elles ne doivent pas être enfermantes.

INFOS

L'idée clé est d'inclure les besoins de compensation ou leur réactualisation dans les entretiens annuels. Il est souhaitable que le salarié dys fasse connaître ses difficultés éventuelles et ses demandes d'adaptation pour être à 100 % de sa productivité, et ce dès la première année d'embauche.

Certains témoignages d'entreprise montrent par exemple que le passage de la comptabilité au contrôle de gestion peut être problématique quand il est mal accompagné (c'est vrai aussi pour les valides !). D'où l'importance de la formation des managers au changement et à l'accompagnement des salariés handicapés.

Le salarié dys en entreprise et ses compensations

De manière générale, les stratégies de compensation mises en place peuvent servir à tous les salariés. Par exemple, pour un salarié dyslexique, il faut écrire des mails moins longs, allant droit au but et aérés. Le format (police avec taille élevée des caractères) et un grand écran aident également le salarié dyslexique.

Faites connaître à votre employeur le besoin d'aide

Comme écrit plus haut, ce peuvent être des aménagements ou aides techniques comme un écran plus grand, ou des correcteurs orthographiques, matériel enregistreur, logiciel de synthèse vocale pour la lecture des textes ou de reconnaissance vocale, pour dicter des textes à son ordinateur, etc.

Les aides humaines tournent autour du... bon management. Prendre en compte les besoins de reformulation des consignes (notamment écrites pour les dyslexiques et orales pour les dysphasiques), les besoins d'éviter les tâches qui requièrent plus de temps (lire, écrire, assimiler un rapport par exemple), les besoins d'allègement (par exemple pour les langues étrangères), le besoin de cadres de référence plus stables et plus précis, de documents plus aérés, etc.

La sensibilisation des entreprises à ce handicap dys est clé mais aussi son inclusion dans les accords d'entreprise. Pour les PME, la mise en place de ces accords et la question des Dys n'est pas encore assez développée.

Les grandes entreprises commencent à échanger sur leurs pratiques concernant les Dys, mais de manière encore trop limitée. Les aménagements et compensations à mettre en place pour les Dys en entreprise sont très variés et pourtant, pour l'instant, ils sont faiblement documentés.

Pour en savoir plus

- **Voir le livret « Histoire de comprendre les Dys en entreprise » réalisé à partir de témoignages d'adultes dys vers ou dans l'emploi.** contact@ffdys.fr

5. Formation continue

Une fois sortis du système scolaire, des jeunes peuvent souhaiter reprendre une formation. La filière de formation initiale ne leur est alors plus accessible, en dehors de l'apprentissage (jusqu'à l'âge de 25 ans, et sans limitation d'âge pour les détenteurs d'une RQTH).

Il peut être utile d'envisager une orientation vers la formation continue. Il existe essentiellement deux possibilités de formation, qui recouvrent deux statuts différents (de manière similaire au lycée professionnel et à l'apprentissage, en formation initiale) :
- le statut de stagiaire de la formation professionnelle pour les stages de formation agréés,
- le statut de salarié d'entreprise pour les contrats de professionnalisation.

De plus les jeunes en situation de handicap détenteurs d'une reconnaissance de la qualité de travailleur handicapé bénéficient de dispositions spécifiques, notamment l'accès aux CRP (Centres de rééducation professionnelle).

Les stages de formation agréés

Ces stages s'adressent aux personnes qui désirent s'insérer dans la vie professionnelle, acquérir une qualification ou évoluer vers une nouvelle activité professionnelle. Ils sont proposés et financés par l'État et les régions (conseils régionaux). Ceux agréés par l'État permettent de se former à plusieurs centaines de métiers au niveau national ; ils nécessitent parfois de quitter sa région de domiciliation, pour les métiers les moins représentés ou pour bénéficier d'une entrée rapide en formation. Les stages agréés par chaque Région correspondent à des métiers en rapport avec les secteurs d'activités de sa zone géographique et les emplois à pouvoir sur cette zone.

Les personnes qui suivent ces actions de formation ont le statut de stagiaire de la formation professionnelle. Elles sont susceptibles de percevoir une rémunération pendant leur stage. Celle-ci varie selon leur situation à l'entrée en stage.

La liste des stages agréés par l'État peut être obtenue auprès des Direccte (Directions régionales des entreprises, de la concurrence, de la consommation, du travail et de l'emploi). Celle des stages agréés par chaque région est généralement disponible sur le site Internet du conseil régional ou auprès du service emploi/formation correspondant. Les candidats à ces stages peuvent également consulter le site Internet du Carif-Oref (**www.intercariforef.org**), s'adresser à leurs conseillers Pôle emploi ou Mission locale, ou directement à l'organisme de formation envisagé. Les personnes en situation de handicap peuvent aussi contacter la MDPH ou Cap emploi.

L'Afpa

L'Afpa, Association pour la Formation Professionnelle des Adultes, premier organisme de formation professionnelle des adultes, existe depuis plus de 60 ans. Elle compte 230 centres de formation en France métropolitaine et dans les Départements d'Outre Mer (DOM).

En 2011, l'Afpa a formé 9 941 personnes handicapées dont près de 48 % ont accédé à un emploi durable dans les 6 mois suivant leur formation.

Toutes les personnes sorties du système scolaire qui ont un projet de formation qualifiante et plus de 16 ans révolus peuvent être accueillies à l'Afpa. Une attention particulière est portée aux difficultés spécifiques d'insertion des jeunes comme à celles des séniors et des publics en situation de handicap.

L'insertion professionnelle durable reste l'objectif visé pour les personnes venant en formation.

L'Afpa, comment ça marche ?

Sont visés les demandeurs d'emploi, salariés d'entreprises...

Les formations proposées couvrent 300 emplois, du bâtiment, de l'industrie et du tertiaire services. Ces formations débouchent sur des certifications (Titres professionnels du ministère du Travail) inscrites au RNCP (Répertoire National de la Certification Professionnelle) et sont menées par des formateurs tous anciens professionnels, ayant exercé l'emploi en entreprises.

Les frais de formations sont pris en charge par Pôle emploi, les conseils régionaux, l'État, le CIF, pour les formations en présentiel en centre de formation.

Que le stagiaire soit demandeur d'emploi ou salarié, il peut percevoir une rémunération durant sa formation. Celle-ci varie selon sa situation à l'entrée en stage.

Pour demander cette prestation, le candidat stagiaire, peut, selon la situation, s'adresser à son conseiller Pôle emploi ou Mission locale, participer à une réunion information métiers dans les centres de formation Afpa, effectuer une demande d'inscription par formulaire sur le site Internet de l'Afpa, contacter la MDPH ou Cap emploi pour les personnes en situation de handicap.

À SAVOIR

Il est préférable de mentionner son handicap en se présentant à l'Afpa. Il existe en effet dans chaque centre de formation un référent handicap qui pourra mieux prendre en compte les difficultés de la personne. L'Afpa a accueilli près de 11 % de personnes handicapées parmi ses stagiaires en 2011. Elle met en place des dispositifs d'aide humaine adaptée, suivant le Décret n° 2006-26 du 9 janvier 2006. Celui-ci fait en effet obligation, aux organismes de formation offrant à des personnes handicapées une formation menant à un Titre du ministère du Travail, de proposer des adaptations : un accueil à temps partiel ou discontinu, une durée de formation et des modalités adaptées de validation. C'est ainsi que des travailleurs sourds ont pu bénéficier de traducteurs à l'Afpa.

Les Greta (Groupements d'établissements)

Les Greta sont des groupements d'établissements publics d'enseignement qui organisent des actions de formation continue pour adultes.
Ces établissements peuvent être des collèges, des lycées, des lycées professionnels.

Dans un Greta, on peut poursuivre ou reprendre une formation générale ou professionnelle, préparer un diplôme professionnel ou un concours, s'adapter aux évolutions technologiques, faire un bilan de compétences, élaborer un projet professionnel...

Il y a en France plus de 290 Greta, donc au moins un par département. Comme chaque Greta est lui-même un groupement d'établissements, il y a en tout plus de 6500 lieux où peuvent se dérouler les formations.

Presque toutes les filières de formation sont assurées par les Greta. Chaque Greta a une offre de formation qui lui est propre.

La formation continue

La formation des personnes handicapées s'appuie sur des dispositifs de droit commun et des dispositifs spécifiques.

Elle repose sur le principe général d'ouverture des formations de droit commun, dans le respect du principe d'égalité de traitement et sur le principe d'adaptation des formations aux besoins des stagiaires handicapés.

La formation facilite l'entrée dans la vie professionnelle ou le maintien dans l'emploi des personnes handicapées par l'acquisition de nouvelles compétences et qualifications.

Quelles formations pour les demandeurs d'emploi handicapés ?

Les personnes handicapées en recherche d'emploi ont accès à l'ensemble des **actions de formation de droit commun** destinées aux demandeurs d'emploi et peuvent bénéficier d'une rémunération si elles suivent un stage agréé par l'État ou la région.

Elles peuvent également suivre des **actions spécifiques** de formation sur décision de la Commission des Droits et de l'Autonomie des Personnes Handicapées (CDAPH). Les personnes ont la possibilité de bénéficier d'un contrat de rééducation chez l'employeur ou d'actions de formation dans des Centres de Rééducation Professionnelle (CRP).

Les CRP (Centre de Rééducation Professionnelle)

L'objectif des stages de rééducation professionnelle est d'entraîner ou de ré-entraîner au travail la personne handicapée, en vue d'une insertion ou d'une réinsertion professionnelle. Pour être orientée vers ces formations, le candidat doit être reconnu travailleur handicapé, c'est-à-dire détenir la RQTH (Reconnaissance de la Qualité de Travailleur Handicapé) attribuée par la CDAPH.

Le stage est suivi dans un CRP. Il s'agit d'un établissement médico-social. À ce titre, il permet une prise en charge des frais de formation, ainsi que des frais de séjour du stagiaire, par l'assurance maladie. Le stagiaire est susceptible de percevoir une rémunération pendant son stage. Celle-ci varie selon sa situation à l'entrée en stage.

Les formations proposées permettent dans leur grande majorité d'obtenir une certification du Répertoire National de la Certification Professionnelle (RNCP) de niveau 5, 4 ou 3. Elles couvrent plus de 200 emplois dans une vingtaine de secteurs d'activités différents. Elles font l'objet d'un agrément régional ou national.

La durée des actions de formation est de 10 à 30 mois. Les CRP disposent de structures et de personnels leur permettant d'assurer un suivi médical, social et psychologique des personnes handicapées, ainsi qu'un accompagnement des stagiaires à l'emploi à l'issue de leur formation. Les personnes handicapées qui souhaitent se former dans un CRP contactent le secrétariat de la MDPH dont elles relèvent pour compléter le dossier correspondant et établir leur demande écrite, qui sont transmis à la CDAPH. Celle-ci détermine alors l'établissement vers lequel orienter le candidat.

Si elle le juge nécessaire, par exemple pour une personne handicapée dont l'orientation professionnelle présente des difficultés particulières ou pour confirmer son projet professionnel, la CDAPH peut demander à celle-ci d'effectuer un bilan dans un centre de préorientation professionnelle.

Les CRP privés sont pour la plupart regroupés au sein de la Fagerh (Fédération des Associations Gestionnaires d'Établissements de Réadaptation pour Handicapés - www.fagerh.fr), notamment ceux de l'ADAPT (www.ladapt.net). Ces centres proposent souvent des prestations en matière d'orientation et d'insertion professionnelle. L'ADAPT gère également 11 ESAT (Établissement et Service d'Aide par le Travail).

Quelles formations pour les personnes salariées ?

Les travailleurs handicapés salariés peuvent bénéficier d'actions de formation financées par les employeurs et les branches professionnelles, au même titre que l'ensemble des salariés.

Plusieurs dispositifs peuvent être mobilisés :

- **le plan de formation de l'entreprise** rassemble l'ensemble des actions de formation définies dans le cadre de la politique de gestion du personnel de l'entreprise ;
- **le congé individuel de formation (CIF)** est le droit de s'absenter de son poste de travail pour suivre une formation de son choix (pour en bénéficier, le salarié doit remplir certaines conditions et présenter sa demande à l'employeur, selon une procédure déterminée) ;
- **le droit individuel à la formation (DIF)** est mis en œuvre à l'initiative du salarié avec l'accord de l'employeur ;
- **la période de professionnalisation** a pour objet de favoriser, par des actions de formation alternant enseignements théoriques et pratiques, le maintien dans l'emploi des salariés en contrat à durée indéterminée, notamment des bénéficiaires de l'obligation de l'emploi.

Pour en savoir plus

- **Selon le statut de la personne et le type de formation recherchée, de nombreux acteurs peuvent être sollicités :**
  emploi. gouv. fr, Pôle emploi, les conseils régionaux, les DIRECCTE, l'Afpa, les MDPH, l'Agefiph, les Cap emploi, les organisations professionnelles et syndicales (employeurs, branches professionnelles).

6. Mes premiers pas dans l'emploi

Tout le monde est confronté à une « première fois » et chacun trouve sa façon de s'intégrer. S'il n'y a pas de recette miracle pour réussir ses premiers jours dans l'entreprise, on peut dire que ceux-ci sont souvent déterminants, notamment avec les collègues et l'équipe qui vous accueille.

Le comité d'accueil

Les premiers jours sont parfois pénibles car un peu stressants. Il s'agit de prendre ses repères et de se présenter au mieux. Les collègues que l'on peut fréquenter en arrivant dans une entreprise sont très observateurs. A fortiori si vous tombez dans un service à l'ambiance neutre ou morose (cela peut arriver !). Essayez d'avoir une attitude et une apparence simple. L'entourage familial, amical ou certains tuteurs peuvent aider à préparer à cette « rentrée ».

Dans les très grandes entreprises, il faut être attentif à l'entourage direct (directeur et collègues de service) sans oublier les autres services comme : les RH, le marketing, le service technique, le service commercial ou encore le service financier. Il est parfois bon de se présenter spontanément aux collaborateurs et de parler autour de soi pour recueillir des conseils avisés (parents, tuteurs, direction, etc.).

Profitez des pauses pour discuter et vous faire connaître (cantine, machine à café, transports ou autre moment moins formel). Attention cependant à rester le plus possible prudent dans vos propos car vous ne connaissez pas encore les relations entre les personnes. Restez dans tous les cas positif au sujet de votre personne et constructif sur votre vision de l'équipe, que vous découvrez.

Les qualités humaines appréciées

Ponctualité, gentillesse, politesse, bonne humeur, implication, disponibilité, dynamisme. Cela vaut pour tout le monde !

Au niveau du code vestimentaire : évitez le décalage ! Dans certaines entreprises, le code vestimentaire se remarque. Il s'agit alors de ne pas trop se démarquer. Tout est affaire de dosage. Restez vous-même, mais n'en faites pas trop.

Témoignage

Le cas de Lucas 21 ans, dyslexique, dysorthographique et dyscalculique
Employé intérimaire dans la maçonnerie industrielle, Basse-Normandie

« Lucas a enfin trouvé un emploi. Il habite toujours chez nous, mais il se lève tous les matins à 5 h 30. Il n'est pas fainéant le garçon, il travaille comme les autres, il n'a pas d'aménagement particulier. Quand il est au boulot, il y va. Tous les matins, il faut qu'il soit à l'entrepôt à 6 h 30. Par chance, son lieu de travail se trouve à 2 km de la maison et, parfois, je l'emmène en voiture pour qu'il puisse transporter tout son matériel de maçon. Dans la première équipe qu'il a intégrée, ses collègues étaient tous biens plus âgés que lui, et... ça ne se passait pas très bien. Rapidement, ça c'est gâté ! Jusqu'à ce qu'il tombe dans une équipe qui se moquait encore plus de lui. On a expliqué les lacunes de Lucas à l'agence d'intérim qui l'avait placé dans cette entreprise locale, en CDD. Mais l'agence ne nous a pas vraiment soutenus, elle a fait la sourde oreille.

Il faut dire que ses collègues étaient dans l'incompréhension, car la dyslexie tout le monde ne la comprend pas. Ils étaient assez jeunes et en groupe, ils pouvaient facilement se moquer de lui. Il leur arrivait même de lui faire des petites crasses comme, par exemple, de lui mettre du savon avec du sable dans ses bottes de sécurité. Ce genre de bizutage, je n'accepte pas trop. Cette fois-là, Lucas était forcé de terminer son travail de terrassement les pieds mouillés. Le sol était d'ailleurs trempé ce jour là, c'est presque cruel.

Les responsables de l'entreprise, qui n'avaient rien compris, se sont même plaints à l'agence pour signaler le grabuge qu'occasionnait mon fils. Gentiment, mais d'une manière assez claire, la responsable d'Adecco a demandé à Lucas d'être un peu plus réactif et rapide. Lucas a depuis quitté cette entreprise ».

Témoignage

Alexandre, 23 ans, dyspraxique, développeur informatique

« Dans mon cas je dois dire que l'insertion professionnelle s'est bien faite grâce à ma direction. Il faut dire que ma DRH (direction des ressources humaines) est plutôt ouverte en ce qui concerne le handicap. Mes collègues de travail m'ont eux aussi bien accepté. (...) Dès les premiers jours, ils m'ont rassuré et m'ont proposé leur aide, si j'en avais besoin. Pour moi, la dyspraxie engendre une gêne visuelle et ça rend souvent difficiles mes déplacements, je suis un peu plus lent dans mes gestes ou mes réactions. Mais aujourd'hui, c'est marrant parce que c'est moi qui aide les autres. Il paraît que je suis le meilleur développeur de logiciel de mon service maintenant... »

7. Trucs et astuces qui marchent

Des jeunes, des parents, des entreprises ont imaginé des solutions pour mieux intégrer les Dys dans l'emploi. Voici quelques « trucs » concrets qui peuvent faciliter l'adaptation.

Pour l'entreprise accueillante

- **être exigeant :** c'est le piège à éviter dans lequel l'entreprise tombe souvent par gentillesse. Ne pas être assez **exigeant** au début de la prise de poste et laisser le jeune s'installer dans un « confort » au travail qui sera très difficile à redresser par la suite. Pour autant, trouver le juste milieu n'est pas chose facile.
- **prendre le temps pour parler :** il vaut mieux parler lentement, et, si nécessaire, faire répéter. Il est préférable de toujours utiliser le vocabulaire le plus concret possible.
- **préférer les consignes visuelles :** illustrer les consignes de façon concrète, en privilégiant l'exemple visuel. Montrer d'abord et parler ensuite.
- **être attentif aux ressentis du jeune travailleur :** certains Dys manquent de moyens verbaux pour exprimer leurs sentiments et en particulier ce

qui pourrait les contrarier. Si on ne prend pas le temps de les écouter, ils auront du mal à se faire comprendre et à l'incompréhension s'ajoutera l'exaspération.

Pour le jeune Dys et sa famille

Parents, faites-vous aider si besoin pour :
- déterminer le projet de votre enfant (souhaits et contraintes) ; beaucoup de métiers sont accessibles,
- contacter les organismes d'aide à l'emploi,
- contacter les employeurs handi-accueillants et en particulier... dys-accueillants !

Le « carnet de consignes » peut aussi être une bonne astuce.

Témoignage

Raphaël, jeune Dys, adepte du carnet de consignes

« Raphaël l'utilise pour noter tous les messages importants de son tuteur, mais aussi la décomposition des tâches à accomplir et toutes sortes de données se rapportant à son travail, comme son emploi du temps. À la moindre hésitation, il est rassuré de pouvoir s'y reporter. »

Adaptez-vous aux horaires de travail. Calez-vous sur les besoins de votre patron mais prenez aussi en compte ceux de votre service. Attention donc avant de vous lancer dans les heures supplémentaires ! Évitez de dissimuler vos difficultés et communiquez avec vos collègues.

Témoignage

Nathalie, maman d'Élodie, 24 ans, dyspraxique

« J'incite toutes les personnes dyspraxiques à parler de leur handicap et des difficultés qu'elles peuvent rencontrer dans le milieu professionnel. Il faut en parler avec ses futurs employeurs et avec ses collègues de travail afin d'éviter des réflexions désobligeantes. »

Témoignages

Lydia, 22 ans, dysphasique, recrutée en 2010 dans un hôtel en Bretagne.

« Je m'étais mise d'accord avec le responsable de l'hôtel. Je lui ai expliqué, avec ma mère, les troubles du langage que j'avais, mes difficultés et aussi mes compétences; l'insertion se présentait bien. Les problèmes ont surgi quand, au quotidien, j'ai dû faire face aux contraintes imposées par l'équipe d'étage avec laquelle je travaillais et qui n'avait pas l'air au courant de toutes mes difficultés. La gouvernante me mettait une forte pression pour faire le travail plus rapidement, et j'entendais parfois les collègues qui se moquaient de moi. Les relations au quotidien avec mes collègues de travail ont d'ailleurs commencé à se dégrader et sont vite devenues insupportables. J'ai dû quitter l'hôtel. Je me dis maintenant qu'il est important de sensibiliser les personnels de terrain (et pas seulement l'encadrement) aux difficultés qu'on peut avoir. »

Sandrine, 27 ans, dyslexique. Employée au sein du service administratif d'une mairie, Rhône.

« Au sein de mon équipe ça se passe très bien. Ce qui m'aide, c'est l'organisation. Je suis organisée et ça compense le temps que je rajoute pour me relire ou faire attention à ce que j'écris. Du coup ça ne pénalise pas mes collègues. À vrai dire, c'est même moi qui leur montre des astuces pour mieux classer leurs documents ou leur dossiers. Je crois que parfois ils copient ma façon de faire. Et souvent, ils m'aident à leur tour.

(...) Au travail, ce qu'on remarque le plus c'est le regard des autres. C'est drôle d'ailleurs car les gens, en général, sont surpris de voir que mon handicap est invisible. J'ai l'impression que certains ne comprennent pas que l'on puisse être heureux. Mes collègues sont au courant de ma dyslexie, ils le savent du fait de ma réussite, mais aussi parce que je ne m'en cache pas.

En général, lors de déplacements avec les services de terrain (c'est-à-dire à l'extérieur de la mairie) les collaborateurs qui ne m'avaient pas encore rencontrée sont agréablement surpris et ne s'imaginaient pas voir le handicap comme quelque chose de normal. C'est vrai que chez moi, ca ne se remarque pas vraiment et, dans la vie de tous les jours, quelqu'un de diabétique ou de dyslexique on ne le voit pas, ce n'est pas écrit sur son front. Dans tous les cas, j'ai l'impression que mes collègues ont changé de regard sur le handicap, et moi ça me rassure. »

Pour en savoir plus

- **Voir le livret « Histoire de comprendre les Dys en entreprise », réalisé à partir de témoignages d'adultes dys vers ou dans l'emploi.**
contact@ffdys.fr

8. Accompagnement tutorat

La présence d'un « tuteur », d'un « référent », d'un accompagnateur au sein de l'entreprise peut s'avérer utile à certains moments du parcours de l'employé. Il accompagne et permet de faire face aux difficultés du salarié pour s'adapter aux changements dans l'entreprise, pour communiquer avec les autres salariés ou avec les clients et pour éviter les obstacles en tout genre. Si le principe du tutorat se développe, il n'est pour l'instant véritablement présent qu'au sein de quelques grandes entreprises (ERDF, AREVA, Crédit Agricole, Thalès) et n'est pas toujours mis en place car il est souvent plus efficace que l'adulte dys fasse comprendre sa propre organisation et qu'il exprime ses besoins. Les petites entreprises, elles, s'adaptent comme elles peuvent.

Un lien entre l'entreprise, le salarié et l'extérieur

La présence du tuteur permet néanmoins de faire passer des messages en interne ou de rendre compte. Il connaît le jeune, le suit dans son évolution et peut résoudre les problèmes d'insertion au quotidien. Il peut aussi être un lien avec l'extérieur (avec l'ESAT par exemple si le jeune est en transition ou en apprentissage). La vie sociale du jeune en dehors de l'entreprise peut en effet comporter certains obstacles liés à ses difficultés de langage, de lenteur ou de coordination et qui peuvent avoir une incidence sur son travail : difficultés dans les transports, problèmes d'horaires ou d'organisation, gestion du temps et de la journée de travail, etc.

Le choix du tuteur est déterminant

Souvent, on n'a pas trop le choix. On nous oriente vers un tuteur, on essaye avec lui et on voit ce qu'il se passe. Il est recommandé qu'au démarrage le tuteur puisse :
- savoir établir une relation de confiance avec le jeune,
- avoir une bonne connaissance de ses difficultés,
- veiller à son intégration au quotidien.

La préparation en amont

De l'avis de beaucoup de spécialistes, préparer l'insertion avant l'entrée du jeune dans l'entreprise est essentiel. Les jeunes et les adultes dys rencontrés témoignent de leur expérience dans l'emploi. Pour eux, parmi les facteurs clés de succès figure un besoin de préparation en amont, avant d'intégrer l'entreprise. La présence d'un collègue de travail, « tuteur », n'a pas besoin d'être excessive ou surprotectrice. Les tuteurs permettent surtout d'accélérer l'intégration réussie, notamment avec les autres collègues. Le rôle du tuteur est aussi de sensibiliser les cadres de l'entreprise.

Témoignage

La maman de Frank, 21 ans, dyslexique (léger) et dyscalculique

« Frank suit une formation, par alternance, de garde-chasse en entreprise, à l'ONCFS de Dry près d'Orléans (45). Nous avons, depuis peu, fait appel à un tuteur. C'est vrai que c'est mieux qu'avant. Il accompagne Franck avec patience je trouve. Il l'aide surtout sur la gestion mentale : c'est-à-dire qu'il l'aide à s'organiser dans ses études, à lui faire acquérir des méthodes de travail adaptées pour assimiler ses cours (droit de la chasse, expression écrite et orale, naturalisme, rédaction de rapports et PV, etc.).

J'étais une maman désireuse de voir son fils dyslexique sortir de cette galère... ça va de mieux en mieux, même si le chemin est très long. »

Pour en savoir plus

- **www.fafsea.com** (formation au tutorat pour les entreprises)
  www.capemploi.com
  www.agefiph.fr

9. Le bilan de compétences et l'évaluation

Le bilan de compétences permet de savoir où l'on en est de son parcours professionnel et de définir un projet d'avenir à partir de ses acquis. Il est donc principalement conçu pour des personnes ayant déjà une expérience significative. Certains jeunes, sortis très tôt du système scolaire, peuvent eux aussi avoir besoin de faire un point sur leurs compétences.

L'orientation

Il y a pléthore d'organismes dédiés à l'orientation. Du fait de leur expérience, il est vraisemblablement pertinent de privilégier ceux qui ont une connaissance du handicap. Des Centres de Rééducation Professionnelle (CRP), par exemple, proposent cette prestation étant pour certains également centres de préorientation. L'Agefiph est l'organisme qui peut soutenir financièrement cette démarche. Pour s'adresser à ce type de centre, les jeunes doivent bénéficier d'une RQTH.

Les tests psychotechniques

Les bilans de compétences ont l'avantage de ne pas se limiter à la prise en compte du niveau scolaire. Ils peuvent faire le point sur la connaissance de soi, la découverte du marché du travail, les pistes envisagées.
Dans le cas des Dys, le bilan permet de bien faire la différence entre « niveau », « aptitudes » et « potentialités ». Du fait de leurs parcours scolaires parfois perturbés, les Dys peuvent avoir un niveau scolaire attesté faible alors même qu'ils ont des possibilités élevées, y compris intellectuelles. Les tests psychotechniques utilisés par les psychologues peuvent permettre de mettre en évidence les aptitudes et les potentialités pour une meilleure orientation ou idée d'évolution.

Qui peut faire un bilan ?

Il est possible de faire un bilan de compétences si l'on est dans l'une des trois situations suivantes :
- salarié ayant plus de cinq années d'expérience,
- demandeur d'emploi inscrit au Pôle emploi,
- toute personne qui en fait la demande, sous réserve d'acceptation du financement du dossier par les organismes d'aide.

Les organismes d'aide à l'insertion (Missions locales, Pôle emploi, Cap emploi...) peuvent construire un dossier de demande de financement pour un bilan de compétences.

Où faire un bilan de compétences ?

Il existe d'innombrables organismes qui proposent des bilans de compétences. Les Centres Interinstitutionnels de Bilan de Compétences (CIBC) existent dans tous les départements. Ils connaissent bien leur environnement et ont l'habitude de travailler avec les dispositifs locaux d'insertion (Pôle emploi, Missions locales, Cap emploi, etc.).

Dans la plupart des départements, les CIBC ont mis sur pied des « conventions » pour accueillir spécifiquement les travailleurs handicapés (en poste ou en recherche d'emploi). Ces CIBC proposent un accueil adapté et ont une connaissance accrue des dispositifs les concernant. Ils donnent des pistes de reclassement interne ou même de reconversion professionnelle.

Les bilans de compétence s'adressent donc plutôt à des personnes ayant déjà une expérience professionnelle. Pour les jeunes entrant dans le monde du travail, et qui n'ont pas ou peu d'expérience, il existe, sous l'égide de certains PDITH (Plan départemental d'insertion des travailleurs handicapés) devenus PRITH (Plan régional d'insertion des travailleurs handicapés), des structures qui peuvent proposer, non pas des bilans de compétences au sens exact, mais des évaluations et des conseils qui s'apparentent à un bilan et qui tiennent compte de la situation de handicap. Ces organismes proposent aussi un suivi du jeune après la période de bilan ce qui permet de mieux contribuer à l'insertion. D'autres, comme les Centres de Formation pour Apprentis Spécialisés (CFAS) peuvent aussi proposer des évaluations.

À SAVOIR

Compte tenu du nombre d'organismes qui proposent des bilans de compétences, il n'est pas simple de savoir à qui s'adresser. Le bouche-à-oreille, les relations permettent parfois de trouver l'organisme le mieux adapté à la demande.
Les modalités des conditions d'accueil des travailleurs handicapés sont très diverses d'un département à l'autre. Il vaut mieux se renseigner auprès du CIBC de son département pour savoir si un jeune travailleur peut être efficacement aidé par un bilan de compétences et prendre en compte en particulier son handicap.

Comment choisir son centre de bilan de compétences ?

Quatre critères sont déterminants avant de faire son choix :
1- que le courant passe entre le candidat et son principal conseiller,
2- que l'équipe soit pluridisciplinaire : conseiller d'orientation, psychologue du travail, professionnels des métiers…
3- que le Centre connaisse les opérateurs habituels de l'insertion des travailleurs handicapés,
4- qu'il connaisse le monde ordinaire du travail.

Certains organismes d'aide à l'emploi (Pôle emploi, Cap emploi…) orientent vers des bilans de compétences faute de solution d'emploi. Il s'agit de proposer quelque chose. Il convient alors de s'interroger sur la pertinence de la démarche en vérifiant que le bilan répondra à un besoin effectif du jeune de faire le point sur sa situation.

Témoignage

Le bilan de compétence dans la fonction publique : Le cas d'Émilie, dyslexique, employée au sein d'un service administratif à Lyon

« Je ne sais pas si on doit multiplier les bilans de compétence, en tous cas quand on est en poste, ils sont trop rares. S'il faut attendre 10 ans pour un fonctionnaire, je trouve cela trop long. Il faudrait qu'on puisse en passer dès la 5e année d'ancienneté. Autour de moi, plusieurs collègues aimeraient bien faire le point sur leur carrière et changer de poste. Ils sont obligés d'attendre 10 ans. Rien ne sert de rester 20 ou 30 ans sur un même poste et d'être engourdi par la routine. Ce qui est bien pour nous, c'est que chaque année on a des entretiens individuels avec nos directions concernées et, pour ma part, cette année j'ai eu une très bonne note. J'en ai profité pour demander à ma direction une formation pour une spécialisation en statistiques et j'ai pu l'inscrire dans ma feuille de notation. Et là, ça vient d'être accepté. Je pourrai démarrer cette formation d'ici deux à trois mois. »

Pour en savoir plus

- www.cibc.net
  www.bilandecompetences.fr

☛ **Voir aussi**
- Les Chambres consulaires → p. 149
- Les Missions locales → p. 120
- Cap emploi → p. 118

10. Connaître le point de vue de l'employeur

S'intégrer dans le monde de l'emploi, c'est aussi connaître son employeur et sa propre manière d'appréhender le travailleur handicapé.

Dans l'entreprise comme dans le secteur public, s'il n'a pas déjà intégré des travailleurs handicapés, l'employeur a souvent une représentation stéréotypée de la personne handicapée. Il pense d'abord et avant tout au handicap visible (15 % des handicaps en France) et aux fauteuils roulants (3 % seulement). La majorité des handicaps sont pourtant invisibles, notamment le handicap cognitif.

Ainsi, pour ce qui concerne l'accessibilité, l'employeur pense à l'accessibilité physique en premier. Alors que pour les non-voyants, il faut des aides tactiles, pour les malentendants, des boucles magnétiques, etc.

Vous êtes dys, il y a peu de chance que votre employeur connaisse vos besoins d'accessibilité aux consignes de travail (orales ou écrites), vos besoins d'adaptation à votre poste de travail (par exemple écrans plus grands, logiciels de lecture ou d'écriture)

et l'accessibilité tout court au monde du travail par un management simplifié et adapté.

Faites connaître vos besoins d'aide pour réussir.

Discrimination et stéréotypes dans le monde du travail

Une étude faite dans le monde de l'intérim (Adia, 2006) montre que le handicap – avec l'origine socio-culturelle, la taille, l'apparence physique – constitue toujours une discrimination négative. En revanche, plus la taille de l'entreprise est grande, moins la discrimination est élevée et plus les aides à l'emploi et l'aménagement des postes de travail sont importants. Une autre étude (Agefiph, IMS) a été réalisée sur les stéréotypes concernant la personne handicapée en milieu professionnel.

Un des stéréotypes les plus courants rencontrés en milieu professionnel à propos des personnes handicapées est qu'il est « difficile pour les personnes handicapées d'être à la fois *chaleureuses et compétentes* ».

Il y a en revanche beaucoup de compassion, d'empathie (alors qu'on est dans le champ professionnel !).

Les stéréotypes positifs sur les personnes handicapées véhiculent l'image de personnes motivées, déterminées et sympathiques. Les stéréotypes négatifs, quant à eux, véhiculent l'image de personnes fragiles, lentes, perturbées et tristes.

INFOS

Plus les entreprises ont des travailleurs handicapés, moins les stéréotypes sont nombreux et plus grandes sont vos chances de bien vous intégrer et de vous épanouir professionnellement.

Le handicap est aussi méconnu dans le monde du travail : les résultats aux tests sur le monde du handicap donnent une note de connaissance de 7 sur 20.

Par exemple, les personnes sondées pensent que :

- 31 % des personnes handicapées ont un handicap congénital (c'est 20 % en réalité),
- 11 % des personnes handicapées ont le niveau Bac +3 (c'est 1,8 % en réalité),
- le taux légal de travailleurs handicapés en entreprise est à 3 ou 0 ou 10 % (c'est 6 % en réalité).

Le stéréotype ne dépend pas de l'âge, de l'ancienneté ou du genre (homme-femme) des personnes sondées, mais du niveau d'études.
En effet, au dessus d'un niveau Bac +3, les stéréotypes sont plus forts chez les personnes sondées. On peut penser qu'elles s'identifient moins aux personnes handicapées.
Le stéréotype dépend également du niveau d'engagement de la Direction :
- le stéréotype diminue si l'entreprise est perçue comme engagée dans ce domaine (le changement des pratiques en dépend),
- la communication interne est utile et change la nature et l'homogénéité du stéréotype.

Ce dernier point est important et il légitime les actions de sensibilisation auprès des salariés, des directions et des DRH dans les entreprises.
Intégrer une personne handicapée est évoqué positivement dans les enquêtes, mais renforce le stéréotype.

Finalement, on peut retenir que :

1. Le handicap est un sujet sensible dans l'entreprise et peu connu du management.
2. Les stéréotypes sont plus négatifs que positifs et éloignent du champ professionnel pour tomber au mieux dans l'empathie ou la compassion.
3. Les Dys sont encore peu connus dans le milieu professionnel.
4. L'une des clés d'une bonne insertion est de faire connaître ses besoins.

11. Réussir dans l'emploi

La vie professionnelle est d'abord rythmée par l'employeur. Comprenez son rythme et ses contraintes. C'est le service qu'il rend dans le service public ou la satisfaction de son client dans le monde privé qui régit l'essentiel de l'activité de votre employeur. Il faut donc en prendre conscience ainsi que de l'équilibre économique, social ou environnemental de votre employeur. Repérez ce qui est important pour la bonne marche de votre entreprise et si possible intégrez-le dans votre quotidien professionnel.

Par ailleurs, au-delà de vos droits à faire valoir, essayez de **comprendre les grands processus de gestion des ressources humaines**.
Il s'agit de l'entretien d'embauche, puis une fois dans l'emploi, du temps de travail, des déplacements le cas échéant, de l'entretien d'évaluation de la performance, des promotions, de la mobilité, de la formation professionnelle, du management de ses collaborateurs (eh oui ! certains Dys accèdent à des postes de responsabilité), des augmentations de salaire, éventuellement de la rupture du contrat de travail (démission, licenciement individuel ou licenciement collectif, rupture conventionnelle) et de la retraite.

À SAVOIR

Pour chacun des processus de votre employeur, essayez d'en comprendre les règles qui sont en général propres à chaque secteur d'activité et à chaque situation individuelle. Faites-vous aider par vos collègues, votre manager, votre responsable des ressources humaines, vos instances représentatives du personnel (syndicats), etc.

Lors de l'entretien d'embauche, mettez en avant votre formation, votre parcours et vos compétences. Pour chaque expérience professionnelle, expliquez bien ce que vous avez réalisé. C'est ce qu'un recruteur recherche en général : des faits. Commencez également toujours par le positif.

N'hésitez pas cependant à bien **faire comprendre vos besoins** et les conditions dans lesquelles vos compétences seront utilisées pleinement. Un adulte dys se connaît bien lui-même et sait aussi en premier ce dont il a besoin.
S'il y a des épreuves, des tests ou des mises en situation, à l'image des examens, demandez les aménagements dont vous avez l'habitude.

Pour la vie de tous les jours, un salarié dys préfèrera un cadre clair de travail, la réduction des sources de déconcentration, des consignes simples et une aide en cas de situation d'urgence ou d'imprévu.

Décrivez le moment venu le cadre qui vous va bien en général.
Le salarié dys sera plus à l'aise et mieux intégré si le management tient compte de ses besoins d'adaptation et évite les situations trop difficiles : faire écrire des comptes-rendus à un collègue ou collaborateur dyslexique, faire parler en public un adulte dysphasique, mettre un salarié dyspraxique sur un poste de travail nécessitant de la motricité fine, etc.

Exprimez vos réserves sur les tâches qui ne vous sont pas accessibles.

Les aides techniques existent : écran plus grand pour les dyslexiques et les dyspraxiques visuo-spatiaux, logiciels de prédiction-correction orthographiques, logiciels de lecture (synthèse vocale pour lire les textes) pour les dyslexiques. Toutes peuvent faire l'objet de compensation financière. **Exprimez vos besoins d'aides techniques et humaines.**

Témoignage

L'expérience d'un DRH

« Il y a peu de littérature sur les parcours réussis des Dys. Car dans la plupart des cas, c'est le management qui a sensibilisé son équipe, refusé la discrimination à l'embauche, s'est concentré sur les compétences du salarié dys. L'acceptation par les collègues s'est confirmée dans le temps, de même que le rôle professionnel du salarié dys.

Il s'agit aussi de mettre en confiance, de bien vérifier que ce qui se passe de manière informelle pour les autres salariés est bien compris par le salarié dys (culture d'entreprise, consignes implicites, manières de faire, discussions à la machine à café, débriefing officieux, discussions de couloir, débriefing officiel, etc.). »

Pour les personnes travaillant en ESAT pour lesquelles le projet est pertinent, les passerelles existent vers le « milieu ordinaire ». Demandez de l'aide à votre responsable d'ESAT qui mettra en œuvre le cas échéant les aides requises.

Le retour en cas d'échec est à étudier au cas par cas avec votre établissement et notamment la question de la durée pendant laquelle le poste de travail est conservé pour vous en cas de nécessité de retour.

Pour les processus d'équité professionnelle, de rémunération, de mobilité et de promotion, pour réussir, il faut faire valoir ses droits et refuser toute forme de discrimination, positive ou négative, concernant la formation, la reconnaissance et la rémunération des résultats. **Faites valoir surtout vos réussites concrètes dans votre travail lors des évaluations.** Développez-vous et réussissez !

Pour en savoir plus

- **Voir le livret « Histoire de comprendre les Dys en entreprise » réalisé à partir de témoignages d'adultes dys vers ou dans l'emploi.**
  contact@ffdys.fr

GLOSSAIRE

AAD Association Avenir Dysphasie (association)

AAH Allocation aux Adultes Handicapés

ACFP Allocation Compensatrice pour Frais Professionnels

ACTP Allocation Compensatrice pour Tierce Personne

ADAPT Association pour l'Insertion Sociale et Professionnelle des Personnes Handicapées (association)

AEEH Allocation d'Éducation de l'Enfant Handicapé (remplace l'**AES** depuis 2005)

AAPH Association Ardennaise pour la Promotion des Personnes Handicapées (association)

ADAPEI Association Départementale des Amis et Parents de Personnes Handicapées Mentales (association)

AFPA Association pour la Formation Professionnelle des Adultes

Agefiph Association de Gestion du Fonds pour l'Insertion Professionnelle des Personnes Handicapées

AOF Action d'Orientation et de Formation

APA Allocation Personnelle d'Autonomie

APAJH Association pour Adultes et Jeunes Handicapés (association)

APCE Agence pour la Création d'Entreprise

APEDA Association Française de Parents d'Enfants en Difficulté d'Apprentissage du Langage Écrit et Oral (Association)

APEDYS Association de Parents d'Enfants Dyslexiques (association)

Apel Association des Parents de l'Enseignement Libre (association)

ARPEJEH Accompagner la Réalisation des Projets d'Études de Jeunes Éleves et Étudiants handicapés (association)

ARS Agence Régionale de Santé

ASH Adaptation Scolaire et Scolarisation des Élèves Handicapés (remplace l'**AIS** depuis 2006)

ASS Allocation de Solidarité Spécifique

AVS Auxilliaire de Vie Scolaire

AVS-I Auxiliaire de Vie Scolaire pour l'Intégration Individuelle d'Élèves Handicapés

AVS-CO Auxiliaire de Vie Scolaire pour l'Intégration Collective d'élèves Handicapés

AVS-M Auxiliaire de Vie Scolaire Mutualisé

BAPAAT Brevet d'Aptitude Professionnelle d'Assistant Animateur Technicien

BEATEP Brevet d'État d'Animateur Technicien de l'Éducation Populaire

BEES Brevet d'État d'Éducateur Sportif

BEP Brevet d'Étude Professionnelle

BEPA Brevet d'Étude Professionnelle Agricole

BMA Brevet des Métiers d'Art

BOEN Bulletin Officiel de l'Éducation Nationale

BPJEPS Brevet Professionnel de la Jeunesse, de l'Éducation Populaire et du Sport

BT Brevet de Technicien

BTS Brevet de Technicien Supérieur

BTSA Brevet de Technicien Supérieur Agricole

CACES Certificat d'Aptitude à la Conduite en Sécurité

CAD Centre d'Aide à la Décision

CAF Caisse d'Allocation Familliale

CAJ Centres d'Activités de Jour

CAMSP Centre d'Action Médico-Sociale Précoce

CAP Certificat d'Aptitude Professionnelle

CAPA Certificat d'Aptitude Professionnelle Agricole

CAPA-SH Certificat d'Aptitude Professionnelle pour les Aides spécialisées, les Enseignements Adaptés et la Scolarisation des Enfants en Situation de Handicap

2CA-SH Certificat Complémentaire pour les Aides spécialisées, les Enseignements Adaptés et la Scolarisation des Enfants en Situation de Handicap

CAT Centre d'Aide par le Travail (devenus **ESAT**)

CAVSEG Cours d'Adaptation à la Vie Sociale et Enseignement Général

CAVT Centre d'Adaptation à la Vie et au Travail

CCAS Centre Communal d'Action Sociale

CCI Chambre de Commerce et d'Industrie

CCPE Voir **CDAPH**

CCSD Voir **CDAPH**

CDA Commission des Droits et de l'Autonomie (abrégé de la **CDAPH**)

CDAPH Commission des Droits et de l'Autonomie de la Personne Handicapée (remplace les **CCPE**, **CDES**, **CCSD** et **COTOREP** depuis 2006)

CDD Contrat à Durée Déterminée

CDI Contrat à Durée Indéterminée

CDES Voir CDAPH

CDCPH Conseils Départementaux Consultatifs des Personnes Handicapées

CDO Commission Départementale d'Orientation pour Enseignements Adaptés du Second Degré

CDOEA Commission Départementale d'Orientation pour Enseignements Adaptés

CDOEGPA Commission Départementale d'Orientation en Enseignements Généraux et Professionnels Adaptés

CEM Centre d'Éducation Motrice

CER Centre d'Éducation Routière (permis de conduire, voir **ECF**)

CEREMH Centre de Ressource et d'Innovation Mobilité Handicap (pour permis de conduire)

CERFA Centre d'Enregistrement et de Révision des Formulaires Administratifs

CFA Centre de Formation des Apprentis

CFAS Centre de Formation des Apprentis Spécialisé

CFE Centre de formalité des Entreprises (pour les aides dans l'emploi, voir **Agefiph**)

CFG Certificat de Formation Générale

CFPA Centre de Formation Professionnelle pour Adultes

CIBC Centres Interinstitutionnels de Bilan de Compétences

CICAT Centre d'Information et de Conseil sur les Aides Techniques

CIDE Centre d'Information et de Documentation de l'Enseignement Privé

CiDJ Centre d'Information et de Documentation pour la Jeunesse

CIF Congé Individuel de Formation

CIO Centre d'Information et d'Orientation

CLIS Classe d'Intégration Scolaire

CMP Centre Médico-Psychologique

CMPP Centre Médico-Psycho-Pédagogique

CNSA Caisse Nationale de Solidarité pour l'Autonomie

CNED Centre National d'Éducation à Distance

CNCPH Conseil National Consultatif des Personnes Handicapées

CNEAP Conseil National de l'Enseignement Agricole privé, fédération de lycées agricoles privés

COP Conseiller d'Orientation Psychologue

CORIDYS Coordination des Intervenants auprès des Personnes souffrant de Dysfonctionnements Neuropsychologiques (association)

COTOREP Commission Technique d'Orientation et de Reclassement Professionnels (n'existe plus, voir **CDAPH**)

CPA Classes Préparatoires à l'Apprentissage (n'existe plus, voir **DIMA**)

CPO Centre de Pré-Orientation (voir aussi **CDAPH** et **CRP**)

CQP Certificat de Qualification Professionnelle

CREAP Conseil Régional de l'Enseignement Agricole privé

CREAI Centre Régional pour l'Enfance et l'Adolescence Inadaptée

CREAI Centres Régionaux d'Étude, d'Action et d'Information en faveur des Personnes en Vulnérabilité

CRP Centre Rééducation Professionnelle

CRTLA Centre Régional des Troubles du Langage et des Apprentissages

CSE Conseil Supérieur de l'Éducation

CDTD Centre de Distribution de Travail à Domicile

CV Curriculum Vitae

DDEC Direction Diocésaine de l'Enseignement Catholique

DDTEFP Direction Départementale du Travail, de l'Emploi et de la Formation Professionnelle

DEAMP Diplôme d'État d'Aide Médico-Psychologique

DEASS Diplôme d'État d'Assistant de Service Social

DEEJE Diplôme d'État d'Éducateur de Jeunes Enfants

DEES Diplôme Européen d'Études Supérieures

DGESCO Direction Générale de l'Enseignement Scolaire

DIRECCTE Direction Régionale des Entreprises, de la Concurrence, de la Consommation, du Travail et de l'Emploi

DFD Dyspraxie France Dys (Association)

DIF Droit Individuel à la Formation

DIMA Dispositif d'Initiation aux Métiers en Alternance (anciennement **CPA**)

DNB Diplôme National du Brevet

DMF Dyspraxique Mais Fantastique (Association)

DOETH Déclaration de l'Obligation d'Emploi des Travailleurs Handicapés

DRH Directeur des Ressources Humaines

DUT Diplôme Universitaire de Technologie

EA Entreprise Adaptée, anciennement « atelier protégé »

ECF École de Conduite Française

EDEN Encouragement au Développement d'Entreprises Nouvelles

EHPAD Établissement d'Hébergement pour Personnes Âgées Dépendantes

EGPA Enseignement Généraux et Professionnels Adaptés

EN Éducation Nationale

EPE Équipe Pluridisciplinaire d'Évaluation

EPLE Établissement Public Local d'Enseignement

EPSR Équipe de Préparation et de Suite au Reclassement

EREA Établissement Régional d'Enseignement Adapté

ESAT Établissement et Service d'Aide par le Travail (anciennement **CAT**)

ESPE École Supérieure du Professorat et de l'Éducation

ESS Équipe de Suivi de la Scolarisation

EVS Emploi de Vie Scolaire

FAGERH Fédération des Associations Gestionnaires d'Établissements de Réadaptation pour Personnes Handicapées

FAM Foyer d'Accueil Médicalisé

FAPÉE Fédération des Associations des Parents d'Élèves des Établissements d'Enseignement Français à l'Étranger

FEED Fédération des Établissements scolarisant des Enfants Dyslexiques

FEDEEH Fédération Étudiante pour une Dynamique Études et Emploi avec un Handicap

FCIL Formation d'initiative Locale (voir **MC**)

FCPE Fédération des Conseils des Parents d'Élèves (association)

FDC Fond Départemental de Compensation

FFDys Fédération Française des Dys (anciennement **FLA**)

FIPHFP Fonds d'Insertion des Personnes Handicapées dans la Fonction Publique

FNASEPH Fédération Nationale des Associations au Service des Élèves présentant une Situation de Handicap

FIRA Fondation Internationale pour la Recherche Appliquée sur le Handicap

FNO Fédération Nationale des Orthophonistes

GIP Groupe d'Intérêt Public

GRETA Groupement d'Établissements Publics Locaux d'Enseignement

GRTH Garantie de Ressource des Travailleurs Handicapés

IA Inspecteur d'Académie

IA-DSDEN Inspecteur d'Académie – Directeur des Services Départementaux de l'Éducation Nationale

IA-IPR Inspecteur d'Académie – Inspecteur Pédagogique Régional

IA-IPR-ASH Inspecteur d'Académie – Inspecteur Pédagogique Régional chargé de l'Adaptation scolaire et de la Scolarisation des Élèves Handicapés

IEN Inspecteur de l'Éducation Nationale

IEN-ASH Inspecteur de l'Éducation Nationale pour l'Adaptation scolaire et la Scolarisation des élèves Handicapés, remplace l'**IEN-AIS**

IEM Institut d'Éducation Motrice

IMC Infirmité Motrice Cérébrale

IME Institut Médico-Éducatif

IMP Institut Médico-Pédagogique

IMPro Institut Médico-Professionnel

INS-HEA Institut National Supérieur de Formation et de Recherche pour l'Éducation des Jeunes Handicapés et les Enseignements Adaptés (remplace le **CNEFEI** depuis 2005)

IR Institut de Rééducation

IRP Institut de Rééducation Psychothérapique

ITEP Institut Thérapeutique, Éducatif et Pédagogique

IUFM Institut Universitaire de Formation des Maîtres

LPC Langage Parlé Complété

LSF Langue des Signes Française

Makaton Approche multimodale de la communication associant la parole, les signes ou les pictogrammes (association)

MAS Maison d'Accueil Spécialisé

MECS Maison d'Enfants à Caractère Social

MC Mention Complémentaire (diplôme), post CAP, ou Formation d'Initiative Locale (**FCIL**)

MDA Maison Départementale de l'Autonomie

MDPH Maison Départementale de la Personne Handicapée

MPA Matériel Pédagogique Adapté

MFR Maisons Familiales et Rurales

MTP Majoration pour Tierce Personne

MVA Majoration pour Vie Autonome

ODIEP Office de Documentation et d'Information de l'Enseignement privé

OIP Organisme d'Insertion et de Placement

Onisep Office National d'Information Sur les Enseignements et les Professions

OPS Organisme de Placement Spécialisé (Cap emploi depuis 2005)

PAI Projet d'Accueil Individualisé

PAP Projet d'Accompagnement Personnalisé

PAP Protocole d'Aménagement Pédagogique

PAP Projet d'Aménagement Pédagogique

PAIO Permanences d'Accueil, d'Information et d'Orientation

PCH Prestation de Compensation du Handicap

PEEP Fédération des Parents d'Élèves de l'Enseignement Public (association)

PDITH Programme Départemental d'Insertion des Travailleurs Handicapés

PIA Projet Individuel d'Aides

PIIS voir **PPS**

PIJ Point d'Information pour la Jeunesse

PIPS Projet Individualisé de Parcours Scolaire

PPC Plan Personnalisé de Compensation du Handicap

PPRE Programme Personnalisé de Réussite Éducative

PPS Projet Personnalisé de Scolarisation (remplace le **PIIS** depuis 2005)

PRITH Programme Régional d'Insertion des Travailleurs Handicapés

QCM Question à Choix Multiples

QE Quotient Émotionnel

QI Quotient Intellectuel

QIV Quotient Intellectuel Verbal (voir **WISC**)

QIP Quotient Intellectuel de Performance (voir **WISC**)

RASED Réseau d'Aides Spécialisées aux Élèves en Difficulté

RNCP Répertoire National des Certifications Professionnelles (voir **VAE**)

RHO Réseau Handicap Orientation

RPA Résidence pour Personnes âgées

RQTH Reconnaissance de la Qualité de Travailleur Handicapé

RRH Responsable Ressources Humaines

RSA Revenu de Solidarité Active

RTH Reconnaissance de Travailleur Handicapé

SAAAIS Service d'Aide à l'Acquisition de l'Autonomie et à l'Intégration Scolaire

SAIS Service d'Accompagnement et d'Insertion Sociale

SAMETH Service d'Aide au Maintien dans l'Emploi des Travailleurs Handicapés

SAMSAH Service d'Accompagnement Médico-social pour Adultes Handicapés

SAPAD Service d'Assistance Pédagogique à Domicile

SARAH Service d'Accompagnement Régional des Apprentis Handicapés (Alsace)

SAVS Service d'Accompagnement à la Vie Sociale

SEGPA Section d'Enseignement Général et Professionnel Adapté (remplace les **SES**)

SEES Section d'Éducation et d'Enseignement Spécialisés

SESSAD Service d'Éducation Spéciale et de Soins à Domicile

SIPFPRO Section d'Initiation et de Première Formation Professionnelle

SPRO Service Public Régional d'Orientation

SRFD Service Régional de la Formation et du Développement

SSAD Service de Soins et d'Aide à Domicile

SSEFiS Service de Soutien à l'Éducation Familiale et à l'Intégration Scolaire

SSD Service Social Départemental

SUMPPS Service Universitaire de Médecine Préventive et de Promotion de la Santé

TCI Tribunal du Contentieux de l'Incapacité

TDAH Trouble de Déficit d'Attention/Hyperactivité

TED Trouble Envahissant du Développement

TFC Troubles des Fonctions Cognitives

TICE Technologies de l'Information et de la Communication pour l'Éducation

TH Travailleur Handicapé

TPMR Transport des Personnes à Mobilité Réduite

TSA Trouble Spécifique des Apprentissages

TSL Trouble Spécifique du Langage

TSLA Trouble Spécifique du Langage et des Apprentissages

ULIS Unité Localisée pour l'Inclusion Scolaire (remplace l'**UPI**)

ULIS-LP Unité Localisée pour l'Inclusion Scolaire, en lycée pro

UFA Unité de Formation par Apprentissage

UPI Unité Pédagogique d'Intégration (voir **ULIS**)

VAE Validation des Acquis de l'Expérience

VAP Validation des Acquis Professionnels

VPLA Vivre Parmi les Autres (association)

WISC *Wechsler Intelligence Scale for Children* (échelle de Wechsler mesurant les capacités intellectuelles)

TABLE DES MATIÈRES

CHAPITRE 5

Être autonome

CHAPITRE 6

Réussir dans l'emploi

IMPRIM'VERT®

Imprimé en France par SEPEC à Péronnas
N° d'imprimeur : 01662140906 - Dépôt légal : octobre 2014
N° d'édition : 70119169-01